决胜未来

互联网+企业再造与顶层设计

孟祥磊◎著

人 民 邮 电 出 版 社
北 京

图书在版编目（CIP）数据

决胜未来 ：互联网+企业再造与顶层设计 / 孟祥磊著. -- 北京 ：人民邮电出版社，2017.2
（盛世新管理书架）
ISBN 978-7-115-44078-5

Ⅰ. ①决… Ⅱ. ①孟… Ⅲ. ①互联网络－应用－企业管理－研究 Ⅳ. ①F272.7

中国版本图书馆CIP数据核字(2016)第271859号

内容提要

本书从顶层设计、战略转型、流程再造、管理提升、竞争战略、品牌营销等环节详细阐述了“互联网+”时代企业再造的具体时间策略，引导企业在新的市场环境下及时进行转型，并由浅入深地带领企业植入再造基因，掌握商业模式创新的理论与方法，激发核心团队的创新意识与潜能，最终让企业在全球化的市场竞争中处于主动地位。本书适合企业董事长、总裁等核心层决策者，集团事业部总经理，企业合伙人，以及对企业再造和顶层设计感兴趣的读者阅读参考。

◆ 著　　　　孟祥磊
责任编辑　冯　欣
责任印制　彭志环
◆ 人民邮电出版社出版发行　　北京市丰台区成寿寺路 11 号
邮编　100061　　电子邮件　315@ptpress.com.cn
网址　http://www.ptpress.com.cn

◆ 开本：700×1000　1/16
印张：16　　　　2017 年 2 月第 1 版
字数：221 千字　　2017 年 2 月河北第 1 次印刷

定价：49.80 元

读者服务热线：(010)81055488　印装质量热线：(010)81055316
反盗版热线：(010)81055315
广告经营许可证：京东工商广字第 8052 号

前 言

在瞬息万变的移动互联网时代，关于未来企业唯一可以确定的就是巨大的不确定性。也就是说，在未来的几年、十几年甚至几十年里，任何一家企业都有可能经历前所未有的挑战。

面对挑战，有的公司也许会积极进行自我调整，有的公司也许会犹豫不决，还有的公司也许会拒绝直面现实。而回顾过往全球的大型企业在挑战到来时的表现，我们不难发现：拒绝直面现实的企业要远远多于主动进行调整的企业。柯达、索尼和诺基亚等曾经称霸某一行业的巨头都是未能及时进行调整而走向陨落的实例。而随着移动互联网时代的到来，此类现象则更加明显，近些年甚至有许多行业整体的发展都过于迟滞，如音像出版业、大型制药业等都面临着商业模式过于落后的问题。

那么，到底是什么导致了这些企业以及行业的腐朽衰落呢？是企业管理者决策能力下降，还是员工整体素质不高？都不是。如果企业一直沿用的顶层设计突然不能支撑公司的发展，最大的可能就是企业面临的商业环境发生了巨大的变化。

随着“互联网 +”与各个行业和企业的融合渗透，企业面临的挑战也会愈加严峻。而在挑战到来的时候，企业是获得新生还是遭遇危机，则主要取决于企业的适应和调整能力，即企业进行再造的能力。

企业再造理论，出自美国著名管理学大师迈克尔 · 哈默（Michael Hammer）

和詹姆斯 · 钱皮（James A. Champy）合著的《再造企业：工商业革命宣言》一书，是企业为了实现生产成本、产品及服务质量、运营效率等现代企业运营指标的跨越式提升，以工作流程为核心，对自身的经营方式、管理方式及运营方式进行重新设计的颠覆性变革。

企业在长期发展的过程中必然会形成一些根深蒂固的基本信念。这些信念影响着企业日常的管理经营活动，也是企业业务流程设计与执行的理论思想基础。企业再造是以超越性、创造性的思维对这些基本信念进行反思重塑，以帮助企业更好地应对新的环境和挑战。它主要包括企业组织再造、战略再造、流程再造、管理再造及文化再造等多个方面。也就是说，企业再造就是对企业的整个生产、服务及运营过程进行重新设计并彻底变革，从而使其更具张力、更趋合理化。

在互联网信息技术高速发展、工业经济向知识经济新时代转型的大背景下，企业采用的传统的顶层设计已经逐渐成为企业可持续成长的羁绊。因此，企业需要运用互联网思维对企业运营的全流程进行重新设计。

企业再造是一次深刻的变革重构，涉及企业管理运营的方方面面。如果在实际再造过程中没有注意应该匹配的要素，很容易导致失败。本书从顶层设计、战略转型、流程再造、管理提升、竞争战略、品牌营销等环节详细阐述了“互联网 +”时代企业再造的具体实践策略，引导企业在新的市场环境下及时进行转型，并由浅入深地带领企业植入再造基因，最终在全球化的市场竞争中处于主动地位。

数据显示，美国前 500 名大型企业中，已经有 1/5 的企业着手进行了企业再造。而对于国内的企业来说，企业再造也已经成为大势所趋。正如海尔集团的创始人张瑞敏所说：“没有成功的企业，只有属于时代的企业。”一家想要在互联网时代实现跨越式发展的企业，必须学会拥抱时代，不断调整和优化，最终实现企业与互联网的完美融合。

目 录

第 1 章 企业再造：大转型时代的组织变革与管理重构

第 4 章 竞争战略再造：红海时代，重塑市场主导地位

第 5 章 移动互联网时代的营销战略转型与变革

第 6 章 品牌再造：以创新变革重塑品牌价值

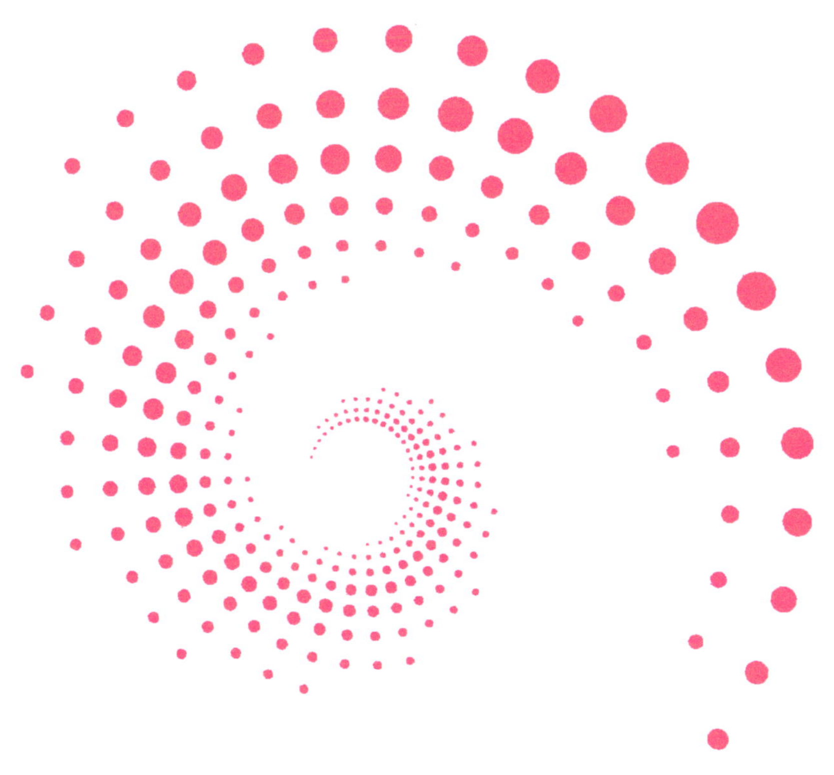

第1章

企业再造：

大转型时代的组织变革与管理重构

1.1 企业再造：企业持续盈利的新型管理模式

1.1.1 企业再造理论的诞生背景

1993年，美国著名管理学大师迈克尔·哈默（Michael Hammer）和詹姆斯·钱皮（James A. Champy）合著的《再造企业：工商业革命宣言》一书出版。该书明确提出了企业再造理论，由此开启了美国和西方发达国家新一轮的工商管理革命。

企业再造是企业为了降低生产成本，实现产品及服务质量、运营效率等现代企业运营指标的跨越式提升，以工作流程为核心，对自身的经营方式、管理方式及运营方式进行重新设计的颠覆性变革。它主要包括企业组织再造、战略再造、流程再造、管理再造及文化再造等多个方面。

实施企业再造，需要企业管理者抛弃传统的运营方式及管理手段，对企业传统生产过程中的每个步骤、每个环节进行深入调查，并在对未来可能遇到的阻碍有明确认识的基础上，制订出系统完善的实施计划。概括来说，企业再造就是对企业的

整个生产、服务及运营过程进行重新设计并彻底变革，从而使其更具张力和更趋合理化。

具体来讲，企业再造理论是关于企业经营管理的一种新理论和方法，对传统管理模式中的分工理论提出了质疑，并以再生思想重新审视和重构企业以往的管理运营。该理论主张企业摒弃落后的管理运营模式和工作方法，围绕工作流程重新构建具有更强适应力和竞争力的新的组织管理模式。

企业再造理论诞生于 20 世纪 90 年代的美国，有着深刻的时代背景。一方面，面对世界其他地区新兴经济体的挑战和自身竞争能力不断弱化的困境，美国企业不得不反思自身管理运营中的问题；另一方面，随着欧美发达国家逐渐步入信息化社会，市场环境和消费需求也发生了深刻变化。

人们的需求层次逐渐提高，不再满足于同质化的产品消费，而是愈发青睐于多元化、个性化的优质产品和服务体验，社会供需矛盾逐渐凸显，世界范围内的企业竞争也愈发白热化。在这一快速变化的全球商业环境中，很多有着辉煌历史的美国企业却由于安于现状、没有进行及时的变革转型，导致无法适应新的市场环境，最终在全球化的市场竞争中逐渐处于被动地位。

其实，进入 20 世纪 80 年代以后，面对日本企业在全球市场中的快速崛起和辉煌成果，很多美国企业开始积极学习日本企业的成功经验。只是，简单的经验移植显然面临着“水土不服”的问题，没能帮助美国企业重新获得生机。

鉴于此，很多学者逐渐认识到美国企业要想重获辉煌，必须在管理理念、组织模式和工作方法等多个层面进行一次彻底的变革重构。企业再造理论由此出现，并直指传统管理运营模式中最核心的分工理论。

现代经济学理论的开创者亚当 • 斯密曾指出，正是社会分工的出现和发展使人们在劳动时有了更加熟练的技巧和更为精准的判断力，从而推动了劳动生产力的巨大提高。

具体来看，分工对生产效率的提高主要表现如下。

★ 分工能够提高劳动者的专业化水平，使他们在短时间内熟练掌握工作技能，从而极大地提高生产效率。

★ 分工使劳动者能长时间专注一项工作，避免了因频繁更换工作内容而造成的时间和精力上的浪费。

★ 分工还能带动创新，创造出能够节省劳动的更高效的机器或工作方法。不过，分工理论下的管理组织模式在提高企业生产效率的同时，也不可避免地对企业长远发展造成了阻碍。

★ 将连续性、一体化的业务流程分割成琐碎的片段，并把劳动者束缚在这些独立的片段之中，导致了人们劳动技能的片面化，使人成为机器的附庸。这既与人的全面发展相悖逆，又不利于企业各个业务部门间的交流协作，增加了企业的管理、运营与协调成本。

★ 科层体制是分工理论下最完美的企业组织形式。这一垂直性集权化体制在企业内部建立起严格的上下级层级结构，并通过严格的规章制度监管企业生产运营的每个部分，极大地压抑了员工的自主性和创造性，也无法有效应对外界环境的快速变化。

特别是在互联网信息技术高速发展、工业经济向知识经济新时代转型的大背景下，有着200多年历史的分工理论已经逐渐成为企业可持续成长的羁绊。因此，企业需要运用现代信息技术的力量对每项业务的核心流程进行重新设计，再造理论也就应时出现。

1.1.2 企业再造理论的主要内容

◆ 企业再造理论的3个方面

企业再造并不是一次小修小补的改良运动，而是对整个企业管理运营模式和工作方法的彻底重构，是一场突变式的深层次改革。这主要体现在3个方面，如图1-1所示。

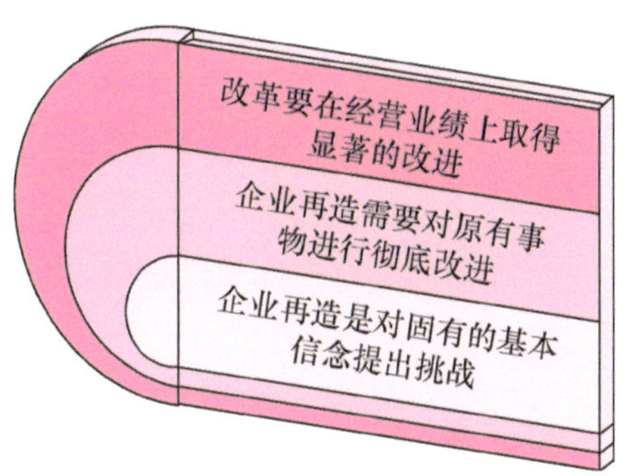

图 1-1　企业再造理论的 3 个方面

（1）企业再造是对固有的基本信念提出挑战

企业在长期发展过程中必然会形成一些根深蒂固的基本信念。这些信念影响着企业日常的管理经营活动，也是企业业务流程设计与执行的理论思想基础。企业再造就是以超越性和创造性的思维对这些基本信念进行反思重塑，以帮助企业更好地应对新的环境和挑战。

（2）企业再造需要对原有的事物进行彻底的改造

与日本企业的变革思路不同，美国企业所开展的再造工程绝不是一次小规模的渐进式改良，而是借助日益发展的现代信息化技术手段，对原有的组织管理模式和工作业务流程进行一次根本性的变革和重塑，推动企业从宏观基本思想到具体工作方法等各方面发生巨大转变。

（3）改革要在经营业绩上取得显著的改进

企业再造的目标是实现业绩上的显著提升，使美国企业重获新时代的市场竞争优势。哈默与钱皮为美国企业的再造工程制定了一个具象化的改进目标："周转时间缩短 70%，成本降低 40%，顾客满意度和企业收益提高 40%，市场份额增长 25%。"

◆ 企业再造理论的 3 个基本思想

企业再造理论的基本思想主要包括以下 3 个方面，如图 1-2 所示。

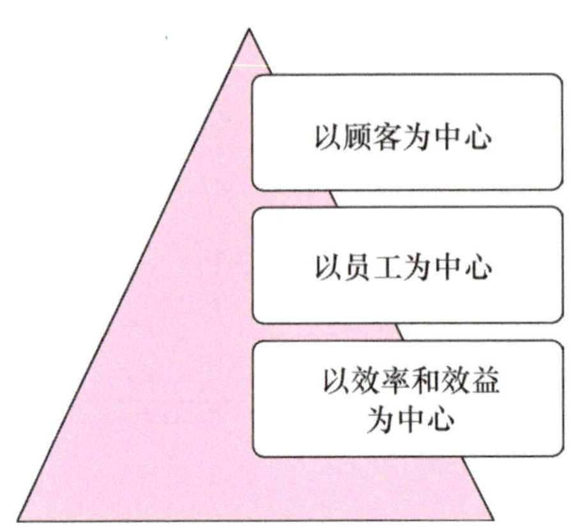

图 1-2 企业再造理论的 3 个基本思想

（1）以顾客为中心

分工理论将整体性、一体化的业务流程分割为若干独立的环节，并由专门的人去负责每个环节。这使企业人员常常将目光局限在自己的工作上，丧失了对整体流程的感知和把握，从而忽略了生产的最终服务目标——顾客。因此，企业再造是让企业人员重获对业务流程的整体性感知，使他们意识到流程的最终出口是为顾客创造更高的价值。

（2）以员工为中心

企业再造还将组织模式从垂直性的科层体制转向更易于交互沟通的扁平化结构。在新组织结构中，业务运营的主要承担者从以往的职能部门变成流程执行小组，这也对小组成员提出了更高的要求：**即员工必须通过不断学习，从单一技能人员成长为具有全面知识、综合观念和职业精神的复合型人才，以便满足流程执行过程中的多元化需要。**

（3）以效率和效益为中心

企业再造的目的是实现生产效率和业绩的跃迁式提升。例如，通过重组流程，IBM 信用公司减少了九成的作业时间，使一个通才信贷员所创造的价值与过去多位专才员工的工作效果相当，从而极大降低了人工成本，并为公司增加了高达百倍的业务量。

◆ 企业再造的核心领域：业务流程再造

企业再造首先是业务流程的再造，即打破传统分工理论对业务流程的认知束缚，基于“以流程为导向”的指导思想，对企业原有的业务流程进行重新思考设计，从而实现经营业绩的大幅提高。

正如哈默与钱皮所指出的，流程再造是以再生的思想对原有业务流程的基本问题进行反思，并利用现代信息化技术对其进行重新设计，以便在成本、质量、服务和效率等主要的绩效指标上取得显著的优化变革效果。

企业再造是对被分工割裂的业务流程进行重新设计，以便建立起更能适应新经济环境和竞争形态的完整高效的业务新流程，增强企业的持续发展能力和市场竞争能力。因此，在企业再造时，必须树立“以流程为导向”的思想，围绕业务流程的优化升级展开再造工程，最终以新流程逐步取代基于分工理论的传统流程。

具体而言，流程再造需要实现以下几个方面的目标，这些目标也是新业务流程的特点。

★ 工作单位的变化：从职能部门变为流程执行小组；

★ 工作内容的变换：从单一化的任务变为多方面的工作；

★ 劳动者角色功能的变化：从受控制者转为有更多自主性的被授权者；

★ 职业准备发生变化：从职业培训变为学校教育；

★ 业绩与报酬衡量标准的变化：从以活动为准变成按照成果计算；

★ 晋升标准发生变化：从以成绩为中心变为更加关注工作能力；

★ 价值观发生变化：从维护型变为开拓型；

★ 管理人员角色转变：从监工变为教练；

★ 组织结构发生变化：从垂直性的科层等级制转向少层级的扁平化结构；

★ 主管人员发生变化：从记分员变为领导人。

1.1.3 企业再造成功的 2 个因素

企业再造是一次深刻的变革重构，涉及企业管理运营的方方面面。如果在实际再造过程中没有注意一些相匹配的要素，很容易导致失败。哈默和钱皮曾指出，大约 50% ～ 70% 从事再造的企业最终没能获得预期的效果。因此，企业再造的成功离不开以下 2 个因素，如图 1-3 所示。

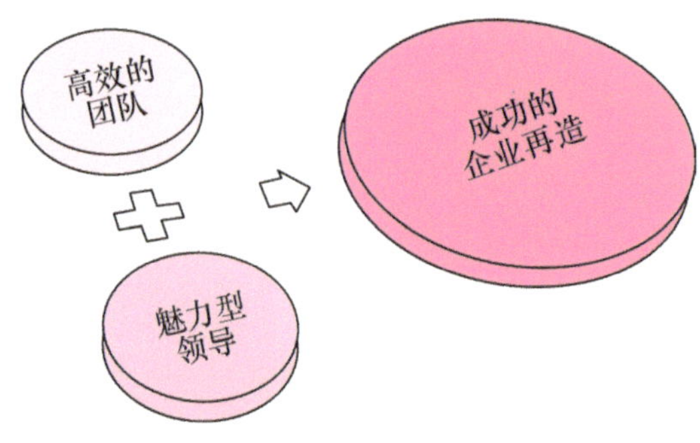

图 1-3 企业再造成功的 2 个因素

（1）高效的团队

企业再造是对固有信念、管理组织模式和工作方法的颠覆性重构，自然会受到来自个人、群体和社会等多个层面的压力和阻碍。因此，企业在实施再造工程时，首先需要组建一个高效率的团队，以便通过有效的成员沟通与协调使员工理解、认同企业的再造行为，并一起向着共同的目标努力，从而减弱甚至消除企业再造中的各种阻力。

（2）魅力型领导

企业再造是一场深刻的变革，涉及企业的各个方面，因此需要有一个极具个人魅力、能够令员工和各方信服的领导来为再造工程保驾护航，协调各方意见。魅力型领导不仅能够以其独特的个人特质让下属信服追随，而且自身就极具创造精神，不会束缚于固有的传统或体制，因此也是组织变革的主要推动力量。

企业再造理论为企业提供了新的发展思路，在全球掀起了一股再造旋风，受到了人们的广泛关注。在实践中，虽然再造失败的比例很高，但再造思想还是被越来越多的企业所接受，并逐渐扩展到欧美以外的企业中。

总体而言，企业再造理论为人们重新设计企业指明了方向。

★ 以价值流为导向进行组织设计。“以流程为导向”是企业再造的核心思想，而流程的最终出口是满足顾客需求，为顾客创造更大的价值。因此，对企业的重新设计需要坚持顾客导向，通过不同业务环节的重组重构，组建能够适应新经济环境的高效组织结构。

★ 按照“合工”的思想重新设计企业流程。面对信息化时代下分工理论对企业管理运营的束缚，哈默和钱皮有针对性地提出了“合工”思想。这一理论主张将被分工割裂的不同业务环节重新整合起来，基于新的经济环境和竞争形态重新进行升级改造，以提升业务效率和效益。

★ 用彻底的变革代替渐进式变革。企业再造理论之所以会对管理学界造成震动，并在全球掀起一股再造之风，一个重要原因是这一思想与以往推崇渐进式改良的企业管理发展理论不同，是针对深植于企业内部的分工理论进行的一次彻底性变革，为信息化新时代企业管理理论提供了新的发展理路。

1.2 理论实践：探索企业再造理论的实践之路

1.2.1 再造新型的组织结构模式

◆ 组织结构再造

企业再造是从根本上抛弃大工业时代的组织结构模式，建立一种能够适应当今时代发展的新型的组织结构模式。对企业来说，企业再造并不是一种局部改良，而是一个从根本上改变业务流程的过程，并要求在再造之后能够为企业业绩带来显著的提升。数据显示，美国《财富》(*FORTUNE*) 杂志排行前 500 名的大型企业中已经有 1/5 的企业着手进行了企业再造。

对国内企业来说，随着市场环境的变化，传统的组织结构模式已经成为企业在新时代成长路上的绊脚石，企业再造已经成为大势所趋。企业再造的目标就是通过重新设计组织结构模式，搭建一种能够适应新经济环境发展需要的组织结构模式，提高企业组织的市场地位，增强核心竞争力，从而确保企业组织能够获得更高的经济效益。

国内企业进行组织再造时应该采用整体再造的方式，从根本上颠覆企业现有的组织结构模式，建立新的组织结构。

◆ 组织结构再造的三大路径

组织结构再造包括企业组织内部、企业组织与外部之间的工作流程的分析与设计，以及与组织设计有关的各个方面。按照组织结构再造的侧重点以及出发点的差异，我们可以将组织结构再造的方法概括为以下几种，如图 1-4 所示，企业可以根据自身的具体情况选择最适合自己的组织再造方法。

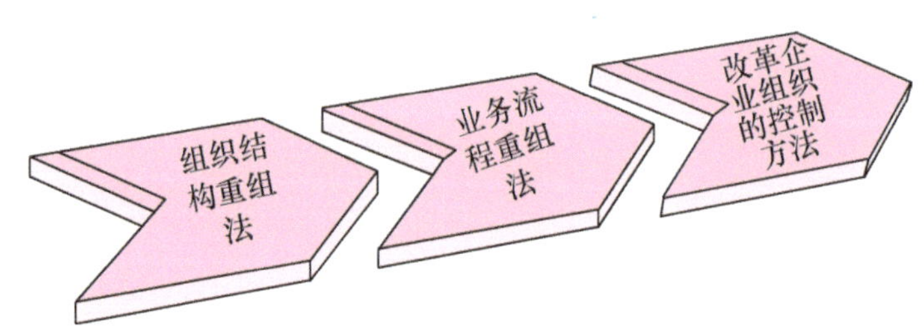

图 1-4　组织结构再造的三大路径

（1）组织结构重组法

组织结构重组法是通过重组组织结构实现企业组织结构的再造，重组主要包括扩大管理授权的范围和跨越企业的传统边界 2 个重要内容。

在直线制组织结构中，集权是一种重要的表现形式，而随着知识经济的发展，集权式的组织结构已经使企业难以适应新时代的发展。在民主管理以及人本主义管理原理的推波助澜下，管理者对员工的授权开始成为一种潮流，在管理者对员工能力信任的基础上，将部分权力分散给员工，鼓励员工在工作中充分发挥主观能动性。

传统的直线制组织结构往往有明确的企业边界，而这样注重边界的结果就是割裂了企业之间的紧密联系，增加了企业摩擦和协调的成本，造成企业之间不必要的冲突。在进行组织结构再造的过程中，如果企业能将某些生产流程的安排与其他企业相结合，将会产生意想不到的效果。

（2）业务流程重组法

业务流程重组法是指通过对组织内外业务流程的重组再造企业的组织结构。业务流程重组将原本企业在业务执行中采用的顺序流程改为平行流程，从而有效提高工作效率。生产实践证明了顺序流程存在的不合理性，同时也验证了水平并行流程的合理以及高效性。

传统的直线制组织结构强调分工细化，但是随着科技的发展以及员工素质的提升，很多细化的分工已经失去了存在的意义，将细化的分工进行合并反而更能提高企业的经营效益。

（3）改革企业组织的控制方法

控制是企业组织管理中一个重要的组成部分，但是不同的控制方法带来的控制效果以及付出的控制成本是不同的。传统企业组织中所适用的控制方法多数都是存在缺陷的，不仅不能为提高企业效益做贡献，而且会增加企业的控制成本，加重企业的负担。

因此，寻找新的控制方法是企业组织结构再造过程中的一个重要组成部分，控制方法的改进在一定程度上能够推动组织结构的再造。

◆ 组织结构再造应注意的问题

在重新设计组织结构、业务流程以及管理流程的过程中，经常会遇到的问题是过于重视经营成本的削减，而忽视了提升或保持企业的服务水平，影响了顾客的体验，导致企业在经历了组织结构再造之后不仅没有实现提高经营效益的基本目标，反而损失了大批的用户，企业开始走向没落。

组织结构再造的根本目的就是为了提升组织的工作效率，提高企业在市场上的竞争能力。因此，组织结构再造并不是简单的缩减编制或裁员，而是企业在现有的经营活动范围内通过对自身不合理的部分进行变革和调整，将组织结构中的各个组成部分紧密地连接在一起，提高组织结构的运作效率。

企业在开展组织结构再造时，应该尽量避免以下问题。

★ 在组织结构再造过程中切勿注重形式，忽视组织结构再造的内容以及实践；

★ 切勿避重就轻，不敢对现有的组织结构进行彻底的抛弃；

★ 避免为了追求经营成本的降低而忽视服务水平和服务质量，损伤企业在市场中的竞争能力。

1.2.2 企业再造的 3 个应用条件

进行企业再造需要衡量的 3 个因素如图 1-5 所示。

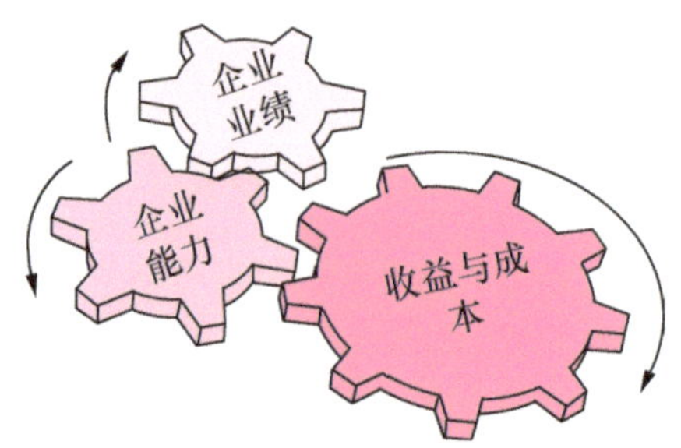

图 1-5 进行企业再造需要衡量的 3 个因素

◆ 企业业绩

很多人认为，只有业绩不好的企业才有必要进行组织结构再造，事实上，企业业绩的好坏并不是组织结构是否再造的衡量标准。

企业再造的核心是重新打造企业的业务流程，重新设计以各种输入为出发点，以服务和产品的输出为落脚点的一系列企业活动，这同样也是对企业资源的一种重新整合，对企业发展潜力的再挖掘。

因此，从理论上讲，只要能实现企业资源的重新整合和优化配置，最大限度地挖掘企业的潜力，无论当前业绩是好是坏，都有必要通过流程再造推动企业的优化升级。

企业的组织结构再造需要付出一定的成本，同时企业还要有一定的风险承担能力，因此业绩好的企业在组织结构再造上更有优势，在承担再造成本的基础上还能有剩余资源可以实现有效利用，从而在企业完成组织结构再造之后尽快进入正常运转阶段，形成企业在市场上的竞争优势。

◆ 企业能力

企业再造涉及企业的各个方面，不仅需要必要的技术支持，同时需要一定的企业能力来支撑。

在对业务流程进行再造之前，需要对现有的业务流程进行重新审视，并发现问题，针对问题提出有效的业务流程再造方案。这就对企业的素质提出了一定的要求。在执行再造方案和变革业务流程的过程中，需要企业发挥良好的协调能力以及执行能力。业务流程再造存在一定的风险，需要企业具备一定的抗风险能力。

总而言之，良好的企业能力是企业流程再造的重要基础。如果企业的能力不足以应对流程再造过程中出现的问题，就有可能导致再造工程失败，让企业陷入进退维谷的境地。

◆ 收益与成本

收益以及成本是企业在进行任何改革时都应该考虑的问题。如果在改革过程中忽视成本以及收益，那么这个改革可以说是盲目的。改革之后的收益往往是改革进行的重要动力来源。企业再造需要付出一定的成本，包括过程成本、人力成本、维护成本以及环境成本等。

进行企业再造的结果是大家所共同期望的，同时也是企业再造的一种共识，即再造后的收益要等于或大于再造成本。开展企业再造还需要考虑再造初期的持续成本，这对于流程改造是否成功具有关键性的作用。在企业再造初期需要投入比较大的成本，而此时的收益也将呈现出负增长的特点。

也就是说流程再造之后的收益并不是立竿见影的，而是需要等待一段时间。而且在这段期间内，企业为了维护正常运作还需要付出一定的持续成本，因此，企业需要一定的外来资源来提供支持，如通过银行借款、企业融资等方式。

如果这些外来资源也可以称之为企业收益的话，那么收益也必须等于或大于成本。因此，企业在考虑是否进行企业再造的时候，需要考虑再造初期的收益和成本问题，如果初期获得的收益难以维持初期的持续成本投入，那么企业在考虑是否再造时就应该更加谨慎。

1.2.3 企业再造的三大应用动力

全面理解企业再造理论，为我们对这一理论的应用奠定了重要的基础。何时应用这一理论以及怎样应用是企业需要思考的问题，而这就需要对该理论的应用动力进行分析。理论的应用动力主要有两种类型，即主动应用和被动应用，主要包括以下几个方面，如图 1-6 所示。

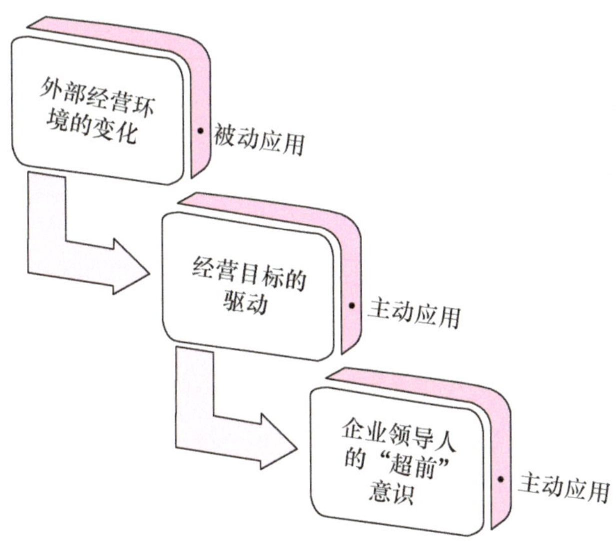

图 1-6　应用企业再造的原因及动力类型

◆ 外部经营环境的变化

这属于一种被动应用类型。当企业生存的外部环境发生巨大变化时，将出现现有的业务流程不适应现实经营环境的现象，这种情况会倒逼企业对业务流程进行再造。

在实际经营中，当企业面临业绩下降、顾客满意度下降以及收益下降的时候，就会产生流程再造理论应用的动力。很多企业在没有做好充分准备的情况下就着急进入企业再造的大军中，结果导致该理论的应用为企业带来了负面的影响，使企业再造的工作难以继续开展下去。

◆ 经营目标的驱动

这是一种主动应用类型。基于经营战略目标，企业开始对自己的业务流程进行重新审视和思考，并通过对业务流程的变革实现企业的战略经营目标。实现企业的经营目标是企业再造最初的动力来源，在对业务流程进行剖析的基础上开展业务流程再造，会更有针对性。

这种主动应用往往做好了充足的准备工作，并且对于流程再造过程中可能出现的问题已经制订了详细的应对计划，可以有效促进再造工程的有序进行。

◆ 企业领导人的“超前”意识

这也属于一种主动应用类型。这是企业领导人面对越来越残酷的竞争环境，对企业发展进行的一种再思考。站在市场的高度，全面解析企业在市场中的优缺点，重新审视企业的业务流程，从中洞察危机、发现潜力，充分利用现有的企业资源，从长远的发展角度出发重新定位企业，挖掘企业的发展潜力。

通过从上到下的全面论证，运用企业再造理论重新整合企业资源，最大限度地挖掘企业的发展潜力，为企业的发展提供更多的可能。这种积极主动的应用往往是建立在全面论证的基础上的，并且已经做好了充分的准备工作，成功的概率较大。

1.2.4 企业再造不容忽视的 3 个问题

在企业再造过程中，必然会引发一系列的变革，如持续改进、兼并收购、业务外包、流程变革和缩小规模等，这些变革会在不同程度上影响企业的经营与管理。事实上，许多企业在自我变革和再造转型的过程中，都因各种各样的障碍而以失败告终。下面我们就来总结一下企业再造面临的 3 个问题。

◆ 个体因素

个体因素对企业再造的成败具有核心影响。企业再造必然会对员工产生影响，而不同员工对这一过程的认识性、认可度和风险衡量是不同的，由此自然也会对企业再造持有不同的态度。具体来看，员工可能会出于心理、习惯、价值观和个性等方面的诉求而成为企业再造过程中的个体阻力源。

（1）个人对未来产生不安全感和恐惧感

企业再造是企业为获得更好更长远的发展而变革重塑现有的运作形态，是一个“除旧布新”的过程，充满了诸多的不确定性。对员工来说，这意味着要从自己比较熟悉和稳定的工作状态进入一个高度不确定的变革环境。然而，稳定性和安全性是个体基本的心理诉求，因此这种不确定性会影响员工的“职业认同”，使他们对未来产生不安全感甚至恐惧感，从而对企业再造产生抵触心理，做出抵触行为。

（2）变革与个人以往的习惯、价值观发生冲突时，也会引起员工对企业再造的抵制

个人在长期稳定熟悉的组织环境和工作氛围中已经形成了相对稳定的心理结构，表现为个人习惯与价值观，且一旦形成便很难改变。而企业再造涉及企业的运作、组织、结构、管理和业务流程等各个方面，必然会对员工已有的工作习惯和价值理念形成冲击，从而引起员工的抵制。

（3）能力或资源不足产生的阻力

企业再造常常需要重塑原有的业务流程和工作方法等内容，而当员工无法适应新的工作方法、没有能力完成变革要求的新任务时，便会为了维护自身的“地位”和利益而阻碍变革；同时，如果企业在变革过程中没有为员工提供学习和改变的资源支持，也容易引起员工的抵制情绪和行为。

（4）对变革倡导者的不满或变革倡导者个人能力不足

企业再造需要有力的引领者。领导者要想顺利推行变革，首先需要赢得企业管理层和员工的认同与拥护，否则即便以行政权力强行推进变革，也只会引起更多人的逆反心理，使变革内容很难真正落地。同时，倡导者还要具备应对变革中各种挑战的个人能力，能够消除员工的焦虑、不安全感和恐惧感，帮助员工实现自我提升，如此才能使员工认同并愿意积极参与企业的再造过程中。

（5）性格因素

性格是个人在认知与实践过程中逐渐形成的对现实比较稳定的态度系统和特有

的行为方式，常常影响着个体对新事物的态度和行为。在企业再造中，那些性格保守、追求安稳的员工更容易成为变革的阻碍因素。

◆ 群体因素

除了员工个体性因素，群体规范、群体内聚力等群体方面的因素也可能会成为企业再造的阻力。

（1）群体惯性

企业内部有着诸多正式或非正式的小群体，这些群体通常有着明确或默认的行为规范，并对个体成员形成约束力。因此，员工对企业再造的态度和行为，除了受自身的个性、需求、习惯和价值观等因素的影响，也会受到所在群体的制约。

例如，员工自身可能愿意尝试资方提出的新工作方法，但工会条例却要求员工抵制资方单方面的变革要求，那么员工受制于群体规范很可能会抵制变革。

（2）对专业知识的威胁

企业再造中引进和打造的新技术、新方法和新模式等会对原有的专业技术知识形成冲击甚至颠覆，从而因威胁到相关专业群体的地位和利益而受到抵制。例如，20 世纪 80 年代初一些企业在引入分散化个人计算机时就曾遭到信息系统部门的抵制。因为这种分散化的计算机终端能够帮助管理者跳过信息系统部门，直接获取公司主要部门的相关信息，从而冲击和威胁到集中化的信息系统部门的专业知识和技术。

（3）对原有资源分配的威胁

企业再造和变革必然涉及对原有资源和权力等的重新分配，这容易引起既得利益群体特别是在现有组织格局中获利最大群体的反对。这些最能从现有资源分配方式中获利的群体，常常将企业变革视为对自身特权地位和利益的威胁，因此会为了维持原有状态而极力抵制任何变革行为。

◆ 组织因素

组织变革是企业再造的重要内容，因此组织内部体制、决策程序、组织文化、奖励制度等组织因素，以及变革时机的选择，都会对企业再造进程产生重要影响。

（1）领导班子没有达成共识、缺乏强势作风、不能坚持不懈

企业再造的顺利落地离不开一个强有力的领导团队。若推动变革的领导者之间不能达成共识，形成强力领导和一致行动，必然就会对员工造成负面影响，在变革中出现不同的小利益团队和群体，从而使企业再造在不同小团队间的“内斗”和领导班子的“弱势”中遭受挫折甚至失败。

（2）管理层不积极参与

管理层在企业再造中扮演着十分关键的角色，对上承接领导团队的顶层设计和变革策略，对下引导员工实施具体的变革内容。若管理层自身没有开放进取的心态，因为观念、利益等多种因素不愿积极参与变革，或者不看好组织变革的前景，那么就会对变革消极怠工甚至进行抵制。

同时，在企业再造过程中如果不能对管理层进行精准、明确和合适的定位，不能最大限度地满足他们的利益诉求，也会导致管理层变革积极性的下降。

（3）没有与改革相匹配的组织结构或管理制度

变革是对原有状态的冲击重塑，因此需要相匹配的组织结构或管理制度，以便鼓励有利于变革的个体、群体或组织行为，使变革内容沉淀下来形成新的状态。例如，企业人力资源管理部门需要制定新的薪酬、考核与晋升机制，以鼓励员工主动参与到变革之中，推动变革顺利落地。

（4）忽视了文化的重塑，没有将变革根植于企业文化

企业文化是企业在长期发展过程中塑造的被所有员工接纳和认同的价值观，对每个员工的理念和行为都具有深层次的影响。因此，如果将变革过程根植于企业文化，注重塑造有利于变革的文化环境，那么就能最大限度地消除阻力因素，达到事半功倍的效果。而且，建立支持变革的组织文化，培育成员新的共同愿景，使变革融入企业的文化基因中，也有利于沉淀变革成果，使企业再造发挥出更加稳定长远的价值。

1.2.5 对策：企业再造过程中的防控措施

◆ 采用正确的变革战略

美国著名战略管理学专家费雷德 • R. 戴维（Fred R. David）曾指出，**变革战略的选择对组织变革的阻力消除和成果获取有关键性影响。**组织变革的实施战略主要有 3 种方式。

（1）强制变革战略。即基于组织内部的层级权力，通过行政命令的方式强行推进变革。这一战略的优势在于执行力强，能够迅速完成变革要求的任务；但由于依靠的是强制命令而非员工的自主意愿，因此容易导致成员责任心不高、敷衍了事，并在实施过程中遇到较大阻力。

（2）教育变革战略。主要通过信息的公开透明和充分共享，让组织中的每个成员都认同变革的必要性。这一战略由于需要信息的充分流通共享，在具体实施过程会比较缓慢困难；不过，由于每个参与成员都认识到了变革对组织发展的重要性，因此相对于强制变革战略更容易激发成员的责任感并减少阻力因素，从而获得更好的实施效果。

（3）理性或自利变革战略。将个人利益融入组织变革之中，让组织成员确信企业的再造变革会对自己更有益处，从而愿意主动支持并积极参与变革之中。这一战略由于充分激发了组织成员的积极性、主动性和创造性，因此常被认为是最佳的变革战略。

◆ 建立推动变革的组织团队

（1）领导能力就是影响力

变革倡导者或引领者的领导能力对变革的顺利推进至关重要。

首先，企业再造要建立一个强力的领导团队。正如通用电气前 CEO 韦尔奇曾指出的，他在带领通用进行组织变革与再造时，有大约 3/4 的时间都用在了选择、评估和激励自己的团队上。

其次，领导团队中的每一个领导者都要对变革的目标、过程和方式等有着精准明确的认知，并确立一个公认的观念，使组织成员相信自己正在追随的领导者是一个对行为和目标有着清晰认知和规划的人，从而最大限度地消除成员在变革中的焦虑感和不安全感，避免组织结构和流程陷入无序状态。

再次，领导者不应该简单地利用强制性命令推动变革，而要通过多种方式提升“软实力”，让组织成员对自己拥有更强的认同感和信任感，愿意主动接受指派的任务，从而推动变革更加顺利地展开。

（2）组织领导应全身心地投入变革

企业再造离不开领导者特别是高层管理团队的有力支持，而且拥护企业再造的管理者的话语权越大，企业再造成功落地的可能性也就越高。组织领导者应该全身心地投入到变革之中，不仅从顶层设计的层面制定合理的再造目标，向组织成员表明企业再造的重要性和必要性，还要对变革过程进行规划管理，把握好变革方向，实现目标与过程的协调统一。

（3）组织公正

社会交换理论认为，组织公正性对增强成员的组织认同感和信任感至关重要，也有利于激发员工的责任感，使员工愿意承担对组织有利的工作。因此，推动企业再造的组织团队除了要有强力的领导者，还应最大限度地保证组织在分配、程序和互动等多个方面的公正性，以提升员工对企业的信任感，减少变革的阻力因素。

◆ 有步骤地实施变革

从顶层战略层面确定了企业再造的目标之后，还需要对变革的具体过程进行精心设计，制定科学、合理和可行的实施步骤，以减少变革阻力、推动变革目标的成功落地。一般而言，最优化的变革流程应该充分考虑到以下几个方面。

（1）邀请员工参加变革和具体的转变过程

相关理论和事实早已表明，人们在某个事件中的参与度越高，抵触心理就会越小，也更愿意承担责任、支持事件的发展。因此，企业再造时可以邀请员工参与变革内容的设计讨论，使相关人员有更多机会对变革活动进行承诺，从而有效减少抵制变革的情况。

特别是可以将对变革持有抵触心理的人员吸收进来，使他们在参与决策和设计讨论中获得一种参与感和成就感，从而转化为企业再造的支持者。这一方法在管理人员无法充分获取信息或者岗位职权较弱时，往往更容易发挥出巨大的作用。

（2）建立激励机制

有效的业绩管理体系和激励机制是企业再造顺利推进的重要保障。面对企业内部的快速变化，员工很容易产生不安全感，对自己的角色、价值和归属感到焦虑和迷茫。这就需要建立有效的激励机制，以帮助员工消除恐惧和焦虑心理。通过奖励参与变革过程的员工来引导组织成员的行为方向，让员工在企业再造中找到自己的归属感和价值定位，吸引更多的成员主动参与变革。

（3）为使人们了解变革的目的，需要进行传播和沟通

企业再造涉及企业运营的各个方面，因此离不开决策层、管理层和员工层等各方充分有效的交流沟通。只有加强沟通，才能在企业内部形成对变革的一致观点和行动，减少因观念分歧导致的变革阻力。

特别是在信息匮乏和面对未知环境时，企业各个层级之间的充分交流沟通不仅有利于决策者获得更全面的反馈信息，从而及时发现变革中的新情况和新问题；而且有利于通过信息共享形成对变革的一致认知，增强组织成员的责任感和团队意识，从而加强协同配合，更好地克服变革中的阻力。

（4）争取群体促进和支持

企业再造会对组织成员的角色、地位、习惯和价值观等形成冲击，如果成员无

法积极调整心态适应变革的新要求，就容易对变革产生抵触心理。这时，企业可以运用“变革的群体动力学”来帮助成员实现调整转变，以获得群体促进和支持，推动企业再造的顺利落地。

例如，通过多种方式增强成员的群体认同感和归属感；通过有影响力的关键成员引导其他成员对变革改变态度；通过与变革相匹配的群体目标、规范和文化，重塑成员的工作方式和价值理念，等等。

（5）把握企业再造的时间和进程

企业再造不是一蹴而就的，甚至需要一个较长的时间和过程。这就要求领导者把握好变革的时间和进程，既为组织成员提供适应新制度、新方式的充足时间，又能保证企业再造的进度。

首先，要平衡好变革成果与变革速度的关系，既不能因过分追求阶段性成果而影响了变革的整体速度，又不能片面追求推进速度而忽略了对阶段性变革成果的质量诉求，即每个阶段只“摘取最低的果实”，从而使整体变革效果大打折扣，甚至走向失败。

其次，领导者还要根据整体性与阶段性目标，精心设计与选择最佳的变革路径，以最大限度地降低变革阻力，推进变革顺利进行。

再次，领导者要在变革初期迅速取得一些显著的成绩，如此才能减少反对的声音，将变革深入推行下去。因为企业的最终目的是获取价值，如果变革不能在短时间内取得令人认可的成效，不能表明在企业价值获取方面的重要性，就很容易遭到反对。

◆ 塑造变革文化，让变革因子扎根企业

在日新月异、风云变幻的现代商业环境中，企业需要塑造鼓励创新变革的文化，以更加积极开放的心态面对变革和创新，将其融入自身的文化基因中，如此才能更好地应对快速变化的外部环境和日益激烈的市场竞争。正如管理大师 Tom Peters 指出的那样：“热衷变革，甚至热衷变革中的混沌，是当今时代企业生存乃至成功的前提条件。”

1.3 企业再造与组织变革：打造扁平化组织结构

1.3.1 扁平化：组织变革的必然趋势

优秀的组织结构是一家企业保持良好发展态势的基础，如果企业只局限于眼前，那么其在未来必然会失掉原有的优势，面对变化手忙脚乱。因此，企业的管理者需要非常重视企业的发展趋势，国内外很多有远见的公司也都在积极尝试新的组织结构形式。

新经济时代的到来带来了更加激烈的竞争环境，为了更好地应对竞争，企业的领导权分布形式逐渐从集中走向分散，组织结构由金字塔式演化为扁平式。金字塔结构指的是组织结构权力由上到下逐级减小，而结构逐级扩大，等级严格，体系纵向深入。扁平型的组织结构减少了管理分层，多数同一层次权力等级平等，呈现出横向联系紧密的体系。

现如今，企业组织结构朝着扁平化的方向发展，主要发展趋势如下。

◆ 组织架构扁平化

传统的组织结构一般是按照职能的相似程度进行划分，难免会把纵向等级链条拉得很长，从而导致信息管理的不便和管理成本的增加。

而如今，网络技术的发展提供了更加迅捷的沟通方式，加上员工素质的整体提高，复杂的信息能够得到快速及时处理。这样一来纵向的管理体系就可以压缩，成本也相应降低，从而呈现出扁平化的形态，组织之间协同合作的能力也大大增强。

◆ “刚性组织”柔性化

“刚性组织”是对传统组织结构的规章制度进行管理的一种形容。传统组织结构管理以规章制度为中心，职权层级分化明确，坚持管理层级统一管理，行为简单，严格按照指挥执行。在传统时代，这种管理方式较为高效，但是现如今随着市场需求的更新速度加快，产品开发周期缩短，这种组织结构就显得应变能力不足，因此必须要“柔性化”。

柔性化主要体现为集权和分权协调统一，在保证纪律性的前提下提高效率，采用结构内组建“小结构”、核心开发等形式来增加组织结构的柔性和弹性。

◆ 组织边界模糊化

组织结构的发展呈现出边界模糊的倾向，即无边界化。发生这种变化的主要原因在于个体力量在激烈的竞争中已不占优势，业界之间的联合可以实现资源共享，获得更多供应的机会。

转变的方式主要包括简化企业内部不必要的部门分类，对企业流程重新规划，提高内部协调性。这样一来企业组织之间、与客户之间、与外部企业之间的交流障碍弱化，利益之间的沟通效率提高，甚至在关键时刻还可以建立起共同利益基础之上的战略同盟，以更强的力量应对市场的变化，如此一来组织边界更加模糊化。

◆ 人性化程度增强

人的因素在传统组织结构中并没有得到重视，大多数企业的职位是根据岗位需要设定的。但是如今，创新成为企业制胜的重要因素，因此人作为核心竞争因素逐渐成为核心能源。现代企业越来越重视在管理中注入人性化因素，如轮班制和网络办公等，给员工创造人性化的工作环境，增强员工的企业归属感，使员工在企业内感觉到自己的存在价值。

◆ 知识经济时代来临

在传统经济时代，土地、设备和资本等“硬件”成为企业普遍重视的能力，而到了以科技和知识为核心竞争力的时代，知识资源成为企业打好市场争夺战最有力的武器。因此，如何有效管理和利用知识成本是企业塑造自己竞争优势的关键点，对于“组织”来说必须不断强化“自组织”的创新能力以及“软件”能力，不断加强学习，提高自己的知识竞争力。

从上述对企业组织结构的变革趋势来看，扁平化的组织结构便是这一趋势所带来的产物，迎合了当下的竞争态势。

1.3.2 扁平化组织结构的主要特征

扁平化组织结构是相对于金字塔式的组织结构而言的一种新型结构模式。具体而言，就是通过对金字塔式的组织结构进行整合和重组，以现代管理技术压缩层级结构，大幅度增加管理幅度，建立一个外形扁平的组织结构形态。

传统理论与现代理论对管理跨度有着不同的理解，前者认为以 3 ~ 6 人为佳，而后者则认为应当拓宽管理宽度，从而减少层级，加快信息传递的速度，提高应对市场的反应能力。

◆ 把优良的团队协作放在突出位置

金字塔式的组织结构清晰地划分了部门之间的职能，部门分工清晰，重视的也是各个部门的工作效率。而扁平化组织结构把各个部门纳入业务流程中，在业务流程的基础上打破原有的组织结构并进行重组。这种结构形式更加强调整个团队的协作能力，重视业务的流畅与运作的系统性。

从这一方面看，扁平化组织结构弱化了部门之间严格的分工，强化了整个系统的协调性。在金字塔式的组织结构中，不同的部门往往只负责完成自己部门负责的业务，对其他部门的业务和整个任务了解不够。扁平化组织结构往往会把一个任务分派给几个不同的部门共同完成，需要团队协作的力量。

◆ 拓宽管理幅度，强调团队协作

在金字塔式的组织结构中，企业绝大部分权力集中在人数较少的中高层管理者，下层员工很少能享受如决策权、命令权等重要权力。这样一来管理者要在管理下属员工身上耗费大量的精力，而且对于员工来说对企业的参与感也不高。而在扁平化组织结构中，提高项目的参与程度，管理者负责的员工数量也增多，势必没有足够的精力进行管理。

（1）管理幅度的拓宽使得企业权力分散。团队合作的工作模式使得更多层级上的管理者参与到项目的决策中来，这样无形中在整个流程中实现了权力再分配，因此扁平化组织结构的权力由集中走向分散。

（2）扁平化组织结构柔性化。学习能力在组织中更加受到重视，要想提高这一方面的能力，组织内部成员之间以及组织与外部相关利益者之间就需要加强交流与学习。在组织内部，通过团队之间的信息共享、创新交流和优势互补等，能够极大提升整体能力。同时，与外界相关利益者之间的信息交换也能够实现资源共享，通过对外部知识和能源等信息的转化，形成自己的竞争优势，提高组织核心竞争力。

◆ 实施扁平化组织结构的前提条件

扁平化的形态特征是相对于金字塔式的组织结构而言的，是应对新形势下市场环境的一剂良药。但是扁平化组织结构要想实施需要一定的基础，具体条件如下，如图 1-7 所示。

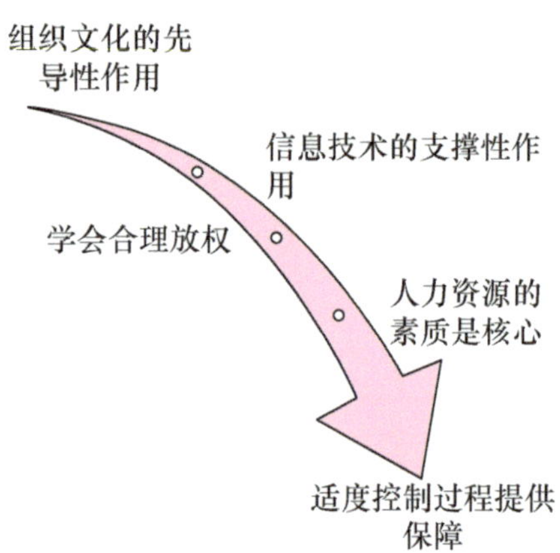

图 1-7　实施扁平化组织结构的前提条件

（1）组织文化的先导性作用。要知道，组织结构的改革需要得到广大企业成员的认同才能顺利实施，因此企业需要一种创新的组织文化，并根植于企业成员的价值观念里，这样对传统组织结构的变革才能成功。

（2）信息技术的支撑性作用。组织结构扁平化的实现离不开计算机信息技术的支持，上面提到信息的交流和资源的共享都离不开信息技术提供的高速载体。从最高决策层到底层员工，信息迅速传递，缩短从决策、生产直到投入市场的时间，面对瞬息万变的市场，提高企业效率和应变能力，如此种种都要依靠信息技术的支持。

（3）学会合理放权。组织结构扁平化实际上就是让原来始终位于金字塔尖上的权力中心下移。只有当层级较低的管理者和成员获得部分决策权时，管理层级才能够有效压缩，才能体现扁平化的真正意义。

（4）人力资源的素质是核心。扁平化组织结构把权力中心下移，让更多人参与到协作中来，管理幅度拓宽，这都意味着人力资源的素质在实现扁平化组织的过程中起到了核心作用。无论是高层管理人才还是员工，都需要优秀的素质。高素质的管理人员不至于在宽幅度的管理方式中顾此失彼，可以一针见血地找到问题关键，并能把理念很好地传达给下属，从而大大提高决策效率，简化管理程序。对员工来说，高素质意味着优秀的接受能力和理解能力，能够在组织模式中按照企业的共同理念有效进行自我管理。

（5）为适度控制过程提供保障。 扁平化组织结构下放权力中心，适当分权。这也要求组织在分散权力之间必须建立起有效控制机制，而后再进行放权，保证高层管理者能够对整个过程的走向有把控能力，同时也对下属在使用权力时得到监督，避免在出现意外情况时整个管理过程失控。

1.3.3 构建扁平化组织的 5 个因素

相比金字塔式的组织结构来说，在新的市场竞争环境下，扁平化组织结构显然具有更多优势。但同时应当注意到，扁平化组织结构要想成功离不开企业文化、计算机信息技术和监督机制等方面的支持；若准备不足便盲目进行扁平化改革，结果往往得不偿失。

进行组织结构的扁平化改革之后，企业的层级结构大大压缩，层级减少，管理幅度加宽，同时管理难度也相应增加。而扁平化组织结构的成功与否主要取决于以下 5 个因素，如图 1-8 所示。

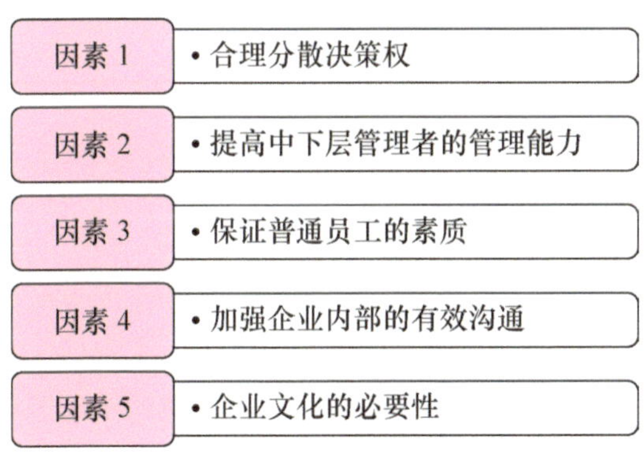

图 1-8 构建扁平化组织的 5 个因素

◆ 合理分散决策权

进行组织结构的扁平化改革，必须要对权力界限进行重新划定，即要进行权力的再次分配，部分权力要下放。这时有几个重要问题摆在决策者面前：哪些权力可以下放？要下放到哪个层级？哪些权力又必须要保留？如果这些问题不能得到合理解决，那么就容易造成权力分配不合理，甚至管理混乱的状况。

◆ 提高中下层管理者的管理能力

当权力下移之后，中下层的管理者随之会面临更多管理方面的问题。权力的增加也意味着其需要管理的员工数量增加，可能在之前不会遇到的决策问题也会迎面而来。如果这部分管理者的能力不能够满足当前工作的需要，就容易导致管理失控或者权力的过度集中，最终导致扁平化组织结构的失败，并给企业带来难以估量的损失。

◆ 保证普通员工的素质

在扁平化的组织结构中，人的主观能动性得到极大程度的发挥，因此员工的自觉性和能动性就显得极为重要。有些企业会下放给员工部分决策权，以此来激发员工的创造热情，同时减轻中下层管理者的压力。但与此同时也面临着风险，如果员工素质不达标，那么其决策可能含金量就低，或者不被其管理者接受，这也会导致决策的失败。

◆ 加强企业内部的有效沟通

扁平化的组织结构被企业寄予的厚望之一就是加速企业的信息传递，以提高决策效率和市场应变能力。但实际上，这二者并不存在直接的关系。因为信息的快速传递不是只要减少传递节点，还要保证信息沟通的有效性。企业内部只有部分信息能够借助特定渠道来进行传递，还有很多人在规章制度允许的前提下对自己掌握的信息进行选择性传递。

我们不得不认识到，层级结构的压缩减少了企业成员的晋升机会，因此同级之间的竞争更加激烈，这也给内部的沟通交流带来了困难。所以扁平化结构的成功与组织内部能否实现有效沟通有直接关系。

◆ 企业文化的必要性

若积极的企业文化能够根植于每一位企业成员的价值观念中，这无疑会给企业的扁平化组织结构改革创造良好的环境。在当今社会下，尤其是在企业中，人与人之间的联系趋向于虚化甚至弱化，带来的重要不良影响之一就是对企业的归属感和成员间的凝聚力降低。即便企业与员工之间做不到同甘共苦，但优秀企业文化的匮乏必然会使扁平化组织呈现出缺乏生命力的干枯状态，寿命有限。

1.3.4 扁平化管理模式的落地策略

要想打造富有生命力的扁平化组织结构，就要充分考虑外部环境和组织内部条件，尤其要重视组织内部是否做好了接受扁平化组织结构落地的充分准备，是否在人力资源、管理决策和技术等方面有了成熟的条件。

为此，企业首先要做到的就是处理好吸收、借鉴与创新的关系，敏锐观察并把握企业未来发展的新趋势，以灵活应对组织结构扁平化过程中可能发生的各种情况。

◆ 优化人力资源

组织结构扁平化使得权力中心下移，更多权力分给下层，这就对中下层管理者以及普通员工的素质提出了更高的要求。不难预见，在以扁平化组织结构为管理模式的企业中，其主力军将是知识员工。因此，企业应当不断加强对员工的培训，使其能力能够跟上时代的需要。通过全面系统的培训在整个组织中建立起互通无碍的知识结构体系，从而提高信息交流的速度和有效性。

◆ 以开放眼光接受先进的管理理念

在所有的变革中都无可避免地面临着新理论与传统理论的冲突，但是所有的变革都包含“推陈出新”的理念，即使传统理论会给变革设立障碍，也要大胆突破，勇于创新。组织结构权力中心的下移势必会削弱中高层管理者的权力，因此可能会遭到其抵制，从而削弱变革力量。在组织扁平化的变革中要敢于顶住这些压力，积极普及现代文化和管理理论，使创新理念逐渐灌输到企业当中。

◆ 适度放权来提高员工积极性

权力中心的下移缩短了决策的反应时间。员工只有在获得足够的空间后才能充分发挥自身的主观能动性和创造性，同时还能增加自身的参与感与企业认同感，使得企业内部的凝聚力大大提升。把组织结构中的权力下放到层级较低的成员手中，能够在一定程度上减少成员对组织结构扁平化改革的抵制，提高其积极性。

◆ 计算机信息技术提供支持

计算机信息技术能够极大促进信息的传播和共享，降低扁平化管理的难度，为信息的传播提供高速平台，使得扁平化管理如虎添翼，最大限度地发挥出自身的优势和能量。

综上我们可以看出，扁平化组织结构的优势十分明显，但同时这又是一项十分复杂的工作，不是短时间内就能完成的。组织结构的改革涉及企业上下岗位以及人力资源的配置和权力的分配，细节繁杂，涉及的关键点十分敏感，是一场“持久战”。

尤其应当注意的是，这项改革必须要得到包括高层管理人员在内的大多数员工支持，在落实过程中注意实际效用，及时纠正错误方向，避免出现岗位空虚和权力过度集中等状况。同时，除了要注意变革的时机之外，还要不断总结和分享变革经验，尽量减少不必要的麻烦，少走弯路和错路，最大限度地降低损失。

随着大环境的发展变化，扁平化组织结构逐渐成为国内外企业倾向采用的管理模式。但应当注意的是，扁平化组织结构是在一定背景下提出的，而且其实施也需要优秀的企业文化、信息技术和高素质人力资源等条件的支持。

因此，国内企业在进行组织结构的扁平化改革时，应当对自身和市场环境进行审视，在各方面都准备充分的情况下按步骤地和逐级地推行改革，因地制宜，因时制宜，避免空谈国外经验和纸上谈兵，杜绝盲从。

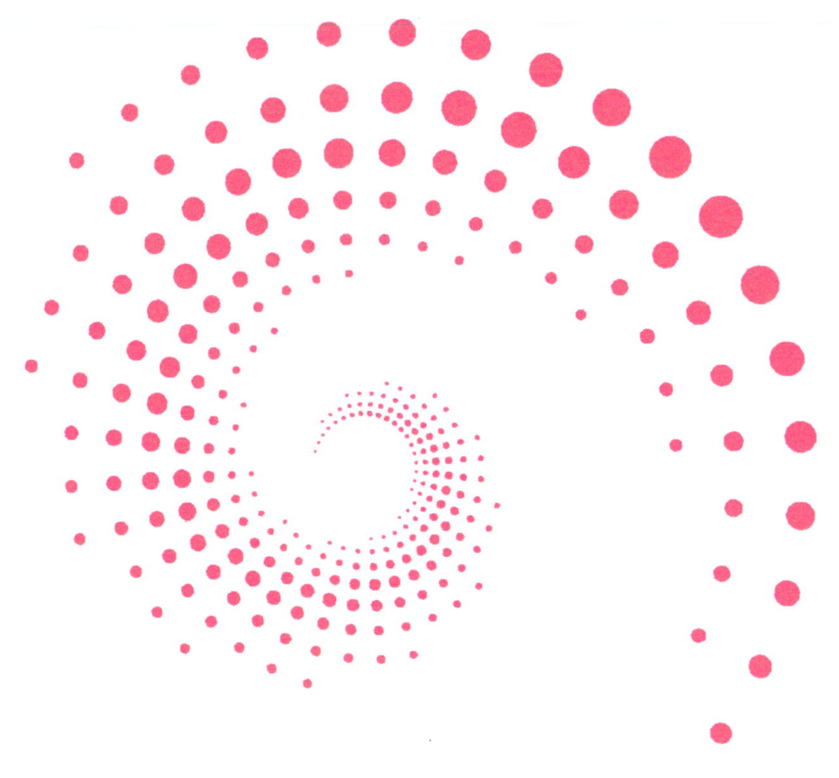

第 2 章

顶层设计：

“互联网 +”时代的商业模式变革

2.1 “互联网 +”：颠覆与重构传统商业模式

2.1.1 “互联网 +”时代的商业变革

随着现代通信技术的发展和以智能手机为代表的移动终端的推广普及，人类开始从传统的 PC 互联网时代进入移动互联网时代。无论是使用人数，还是使用时长，移动互联网用户的数量都已超过 PC 端的互联网用户数量。互联网就像空气一样已经进入人类生活的各个领域，其展现出来的强大能量给人们的生活及工作带来了巨大的变化。移动互联网时代，所有的一切都有可能被颠覆。

在互联网的驱动下，商业主要发生了以下几个方面的重大变化。

（1）拓宽了交易场所。在互联网中，产品的供需双方可以打破时间与空间的限制，在电商平台上完成交易，线上虚拟交易场所及线下实体交易场所共同在商业中发挥着重要作用。

（2）延长了交易时间。一些线下店面通常都会有固定的营业时间，在这个时间以外，消费者无法选购想要的商品。如今，消费者与商家可以在线上实现24小时不间断交易。

（3）扩大了交易品类。线上电商平台不仅向广大消费者出售畅销品及大众产品，线下实体店中那些由于信息不对等而滞销或者是受众较小的产品，也可以通过线上平台获得不错的销量。

（4）提升了交易速度。消费者只需通过接入移动互联网的移动终端就能够进入线上的各个网购平台，然后根据用户评论及历史交易数据来选择满足自己需求的产品，这无疑使交易速度大为提升。

（5）优化了交易流程。产品生产商与消费者之间可以直接通过移动互联网实现无缝对接，从而实现去中心化和点对点交易，营销重点从线下转到线上。在各大社交媒体平台上，商家可以通过多种营销手段向消费者方便快捷地推送自己的产品和服务，交易成本得到有效降低，实现了供需双方共赢。

近几年手机行业发生了重大变革，2011年谷歌公司收购了昔日模拟通信时代手机行业的霸主摩托罗拉；2013年9月2日，微软宣布收购诺基亚旗下的手机业务，成为轰动一时的热点新闻，数码时代手机行业霸主诺基亚凭借诺基亚1100创造的2.2亿多台的单品销量纪录至今没有被打破；互联网时代，苹果公司成为手机行业的领头羊，但这一地位十分不稳定。就像李彦宏所说的："互联网变化十分迅速，稍微一放松就可能被后来者淘汰。"

以往，一家企业走向灭亡，可能被同行业的竞争对手所打垮；现在，企业可能更多被时代所淘汰，在这些被淘汰的企业中不乏跟不上时刻都在变化的移动互联网时代而走向灭亡的，这就是互联网时代的商业逻辑。一家想要在互联网时代实现跨越式发展的企业，必须学会拥抱时代，不断调整和优化自己，最终实现企业与互联网的完美融合。

海尔集团的创始人张瑞敏曾表示："没有成功的企业，只有属于时代的企业。"一家落后于时代的企业，最终的命运只能是走向灭亡。

2.1.2 “互联网 +”对传统产业的影响

◆“互联网 +”对商业企业的影响

在2012年12月12日举行的“2012 CCTV中国经济年度人物大奖评选颁奖典礼”上，阿里掌门人马云与万达缔造者王健林进行了一次“1亿元的豪赌”，二者约定：如果到2022年，电商零售行业的市场份额占比能在中国整个零售市场达到50%，王健林将给马云1亿元；反之，马云给王健林1亿元。

表面上，电商零售业与传统零售业同属零售行业，但二者却是两种迥然不同的商业模式，其背后的商业逻辑更是存在着较大的差异。传统零售行业沿用多年形成的传统商业思维，侧重于线下面对面交易，是一种投入成本较高的重资产经营模式；电商零售业则采用互联网思维，通过线上进行交易，是一种交易成本低、发展前景广阔的轻资产运营模式。

近几年，众多实体零售商开始大量关闭线下门店。体育用品品牌李宁自2012年至今已经关闭了超过1000家线下店面；2014年12月，广州市的一家新闻媒体称，目前广州市至少有500家以上的服装批发市场正在面临生存危机；在中关村曾经繁华一时的商业街海龙电子城大量的商家关闭店面，使得尚在艰难维持的店主感慨：“电子城内的售货员比顾客还多。”

◆“互联网 +”对工业企业的影响

在“2013 CCTV中国经济年度人物大奖评选颁奖典礼”上，又出现了一次豪赌，而且金额增长至10亿元，只不过主角成为了格力董事长董明珠与小米董事长雷军。两人约定：5年后，如果小米公司的营业额超过格力，董明珠就要给雷军10亿元；反之，董明珠获得雷军的10亿元。

小米与格力代表了两种不同的商业模式，前者为线上企业，只专注与手机产业链中的部分环节，实行轻资产运营模式，不设线下门店；后者则采用重资产模式运营的实体企业，专注于整个产业链的所有环节，从研发到生产，再到销售，最后到售后服务全部涉及。格力在 9 个制造基地中拥有 7 万多名员工，经营着超过 3 万家线下店面。

以互联网思维运营的小米具有以下几个方面的特点。

★ 没有生产产品的工厂，产品零部件的生产及组装全部是与世界著名厂家合作，在保证产品较高质量的同时，还能降低产品价格；

★ 不设置线下实体店面，运用线上电商直销模式，降低了运营成本的同时，也提升了运营效率；

★ 小米的精力全部用于产品的设计研发及用户沟通方面，其拥有 1600 名高科技人才组成的研发团队，2500 名客服采用轮班制，保证 24 小时为用户提供优质服务；

★ 产品的设计研发充分尊重用户意见，让用户参与价值的创造，有效提升用户黏性。

◆ "互联网 +"对金融企业的影响

2013 年，阿里余额宝正式成立。仅一年的时间，余额宝拥有的注册用户数量就超过了 1 亿人，资金总规模达到 5000 亿元。余额宝的巨大成功吸引了各路玩家纷纷入局金融业，百度百赚、网易现金宝和微信理财通等多款理财产品大量面世，一时之间中国市场上"宝宝类"金融产品大行其道。

以余额宝为代表的金融理财产品出现后，许多人为了更高的收益率开始将存在银行的资金转入这些理财产品之中，原有的活期存款变为了协议存款。银行失去了大量的用户，而且还要支付给抢走自己客户的余额宝更多的资金使用成本，这无疑给传统金融机构带来了严重危机。

互联网金融平台与传统金融机构有着相似的业务类型，但这二者之间的运营模式存在着巨大的差异，由此带来的用户定位和服务体验等方面的差异性导致了二者不同的发展前景。

传统金融机构所推出的投资理财业务，主要定位于那些拥有巨额存款的高端用户，仅为普通用户提供较低的存款利率，用户无法获得较高的收益。此外，传统金融机构的投资理财业务必须到银行柜台办理，流程十分复杂，用户还需要排队等待，严重影响用户体验。

而互联网金融平台的定位是那些普通用户，操作十分简单，用户只需要在移动终端就可随时办理各种业务。互联网金融平台为用户提供的存款利率也高于传统银行，用户可以获得更多的收益。

互联网金融产品的出现给传统银行敲响了警钟，传统金融机构开始联合起来抵制这些站在银行门口的“野蛮人”。虽然以余额宝为代表的众多互联网投资理财产品的发展受到了传统金融机构的限制，但在中国经济体制改革的时代背景下，代表着真正用户需求的互联网金融产品必将释放出巨大的能量。

互联网所改变的不仅仅是商业、工业及金融领域，它对医疗、餐饮和文娱等多个产业也产生了重大的影响。互联网时代，经济社会出现重大转变，这种转变是互联网思维以其强大的能量对社会活动及经济活动所产生的颠覆性变革。

2.1.3 “互联网＋”再造传统商业模式

“互联网＋”对传统商业模式的再造如图 2-1 所示。

◆ 交易技术层面：长尾理论

随着互联网的深入发展，时间和空间的限制逐渐被打破，更多有效的联结被建立起来。实体与实体之间、虚拟与虚拟之间以及实体与虚拟之间在互联网工具的作用下成为了一体，“让天下没有难做的生意”等一连串原本在传统商业时代的“异想天开"也成为可能。

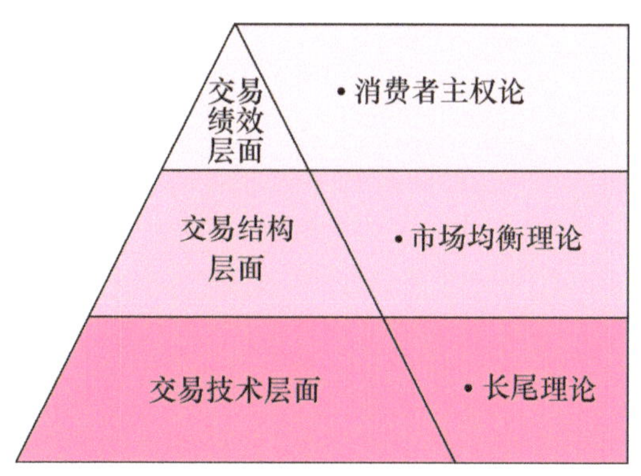

图 2-1 "互联网 +"对传统商业模式的再造

互联网的应用降低了生产者以及消费者之间的搜寻成本、信任成本以及匹配成本，从而降低了双方之间的交易成本，让交易实现了零时间、零距离以及零成本。

过去，实体空间市场受到时间和空间的限制，产品和利润之间符合典型的"二八定律"，市场上 20% 的产品创造了 80% 的利润，80% 的长尾产品创造了 20% 的利润。

如今，在互联网的支撑下，虚拟空间市场商品的展示以及检索成本趋于零，热门和冷门商品搜索交易成本相同。过去的畅销产品、大众产品、头部产品以及热门产品，随着消费者规模的扩大，产品销量急剧上升，成本及价格不断下降；而过去的长尾产品、滞销产品、小众产品和冷门产品也因为消费者数量的增加而逐渐形成了规模效应。长尾产品、长尾用户和长尾市场等的出现让长尾理论成为了新时代的风尚。

过去，企业为了获得较高的利润，将主要的生产精力放在了头部产品上，产品同质化现象严重，消费者的选择少，消费需求难以得到有效满足，企业处在残酷的竞争中，生产效益差，生存环境艰难。而今，企业开始将目光转向长尾产品，注重产品的极致化和个性化，满足了消费者对个性化产品的需求，大量消费者的消费倾向转移使得小众产品的生产者逐渐走向了规模经营，企业处在快速成长的蓝海区域，生产效益好，前景广阔，回报丰厚。

可以说，互联网的出现和应用有效解决了生产者和消费者之间信息不对称的问题，让企业逐渐走向了精准化营销，使得产品实现点对点、端对端的定向流动，让消费者和生产者之间的交易成为一种双赢。

◆ 交易结构层面：市场均衡理论

互联网经济的盛行让市场均衡理论从理想逐渐走向了现实。在过去的市场环境下，生产者通过联盟合作等方式可以团结在一起，组织合作成本低，企业在获得组织力量的同时也提高了经营收益。而消费者之间由于缺乏有效的组织方式，难以真正团结起来。

生产者与消费者之间的特性使得双方之间的交易和谈判处在了不平等的位置，消费者是个体和散户，而生产者则是团体和组织，难以达成经济学中理想状态下的市场交易均衡。如今，在互联网的搭桥助力下，消费者冲破时间和空间的藩篱，通过虚拟组织有效团结了起来，网络将一个个零散的消费者个体集合成拥有强大力量的组织，增强了消费者的议价能力，提升了消费者的市场地位。

也就是说，在互联网环境下的市场交易中，消费者与生产者之间的谈判和交易从过去的个体对组织变成了团体对团体和组织对组织，双方地位平等和势力均衡，达成了经济学中的市场均衡理论。

同时，互联网经济的发展使得市场交易双方实现了规模经济效应和范围经济效应。过去，生产者主要生产畅销产品和头部产品，供给方存在规模经济效应。如今，不管是头部产品还是尾部产品都有一众追随者，生产者在实现规模经济效应的同时，消费者也因为依靠网络虚拟组织的连接成为了无组织的组织，实现了需求方规模经济效应。而这种需求方规模经济效应降低了交易成本，使得供给方的生产成本以及产品价格也随之下降，从而进一步扩大和增强了需求方的规模经济效应，在消费者与生产者之间形成了一种良性循环。

◆ 交易绩效层面：消费者主权论

随着互联网经济的深入发展，消费者逐渐在市场交易中掌握了更多的主动权，并开始超越生产者坐上了市场交易支配者的位置，有效提升了消费者在生产经营过程中的效用，消费者主权论初露端倪。消费者主权论主要体现在两个方面：**一是消费者对产品服务拥有定价权、选择权和评价权；二是对产品设计和生产具有参与权、主导权以及引领权，并最终在产品的整个价值链环节中掌握主动权。**

（1）消费者消费生产的一体化。在过去，产品从设计、生产和销售到评价等环节与消费者基本处于完全或部分分离状态，而今消费者已经融入并参与产品的设计、生产、销售以及评价环节。在这一转变过程中，企业的外部资源实现了内部化，企业的价值获得了外部的肯定，外部用户开始影响和决定企业的内部经营。

（2）消费者营销行为的媒体化。互联网时代，人人都可以成为自媒体，由消费者自主对商品或服务进行推广和评价的"病毒式"传播方式不仅大大降低了企业的营销成本，同时也可以获得更好的营销效果。

（3）消费者交易行为的团体化。通过团购、余额宝等方式，消费者可以在交易活动中团结起来，通过团体的力量分享生产者或销售者的部分权力和利益，从而实现供需双方之间的权责对等和利益共享。

（4）消费者市场地位的中心化。消费者的中心化是指生产者的一切生产经营活动以及价值创造活动都要围绕消费者来开展。消费者的中心化实质上是生产者"去中心化"的演变过程，它可以让市场交易活动回归到"以人为本"的商业本质，注重提升消费者的消费体验。

此外，消费者主权论也增加了社会利益，实现了生产者与消费者的帕累托优化[1]。过去，消费者脱离企业的生产经营活动，产生了传统的市场均衡。现在，消费者亲身参与到企业的生产经营活动中，降低了企业的生产成本，从而降低商品的供给价格。同时，在价格不变的情况下，消费者在产品质量和效用上获得了更高的满足，

---

[1] 帕累托优化（Pareto Lmprovement）：也称为帕累托改善或帕累托改进，以意大利经济学家帕累托（Vilfredo Pareto）命名，并基于帕累托最优变化，在没有使任何人境况变坏的前提下，使得至少一个人变得更好。

并在此基础上实现了市场供给与需求的均衡。

因此，在新的市场均衡点上，市场均衡的价格更低、产品供给量更大。对比新旧两种市场均衡点，在新的市场均衡点上，实现了交易双方社会绩效的帕累托优化。

2.1.4　互联网思维下的传统企业再造

◆ 互联网思维的 2 种理论

近年来，互联网思维成为社会各方关注的热点。虽然在学术界没有明确的定义，但其在实业界却已经有两种理论。

（1）工具论。在这种理论中，互联网作为一种人们日常生活与工作中使用的一种工具，成为人们每天的生活、学习和工作的重要组成部分。如今，企业接入互联网已经成为一种常态。互联网被看作一种器具，广义上它包括智能终端、大数据及云计算等，可以说人类的生活已经离不开互联网。

（2）现象论。小米公司的创始人雷军将互联网思维总结为“雷七决”；腾讯创始人马化腾则给出了“马七条”；和君集团合伙人赵大伟提出九大思维；九元购创始人陈光锋则给出了十二大核心思维，等等，这些都是对互联网现象论的阐述。

◆ 互联网思维与传统企业再造

（1）开放

开放不仅要求企业破除组织内部的壁垒，更要去除企业与外部连接的障碍。企业要充分与外界进行交流沟通，突破边界限制，将发展重心从企业内部转移到企业外部，最终实现从一个独立企业向“互联互通”的开放型平台企业转变。

（2）平等

平等是要求实现去阶级化、去中心化和去组织化。具体包括以下几个方面。

★ 对企业的内部组织而言，高层管理人员服务的对象是中层，中层服务的对象则是基层，而基层服务的对象则是实现企业产品价值变现的广大消费者。

★ 企业与企业从竞争走向合作共赢，多方联合起来共同将整个产业链做大做强，最终打造出一个健康稳定和可持续的产业生态。

★ 员工实现从被管理者向自我管理者的转变，最终转变为创业者。

★ 用户将由产品的消费者转向设计制造者、价格制定者及营销推广者。

（3）协作

在生产社会化的时代背景下，企业要学会通过协作来实现合作共赢。这要求企业实现从企业思维向社会思维的转变和从企业生产向社会生产的转变。

★ 企业生产。局限于企业内部资源，企业某一方面存在的劣势将在激烈的市场竞争中被无限放大，产品的生产成本较高和盈利能力不强。

★ 社会生产。企业可以充分与产业链各个环节上实力最强的企业展开合作，通过分工协作打造最为优质的产品及服务，从而有效控制生产成本。简单地说，即企业在自己擅长的领域集中资源重点突破，在不擅长的领域与强力的合作伙伴合作，优势互补、资源共享，最终实现互利共赢。

（4）共享

共享主要包括分享、免费和普惠 3 个关键点。在移动互联网时代，产品生产的边际成本可以无限接近于零，这为商品的分享提供了现实基础。以行业数据为代表的虚拟资源的无成本使用，使商品免费具备了现实基础。在实现免费与分享的基础上，使各方共同受益的普惠精神也将得到充分体现。

根据参与者之间关系的不同，共享可以分为以下几个方面。

★ 个体共享价值。主要指个人共享自己的资源，其共享范围可以从较小的朋友圈扩大至整个互联网世界。在朋友圈中分享一些工作中的心得体会，在产品粉丝群中向群内成员共享产品使用体验等都属于个体价值共享。

★ 组织内部共享价值。其共享范围局限于某一特定的组织，如企业某一项目的研究数据在内部共享。

★ 组织外部共享价值。其共享范围十分广泛，整个人类社会都可以成为共享资源的受益者，如安卓系统、Linux 系统等，所有人都可以免费使用。

2.2 “互联网 +”时代，企业如何再造新型商业模式

2.2.1 成功商业模式的 3 个特点

企业的生命力来源于每一个员工持续且有效的努力。只有当所有员工都能正确理解并能实施企业的商业模式时，企业才能够保持可持续发展。

随着“互联网 +”时代的到来，商业环境在不断变化，企业也必须因时制宜，随时对商业模式进行调整。商业模式就像是积木，用新的积木可以扩大范围；同样，不同的积木、不同的搭法也能创造出新的组合，开发新的盈利模式。对企业来说，一个好的、合适的商业模式至关重要，那么什么样的商业模式才是成功的呢?

各行各业存在不同的商业模式特点，长正管理咨询公司对 100 家企业的商业模式进行调查后发现，在不断变化的宏观和微观的经济环境中，没有哪一种单一的商业模式能够保证自己在任何时候、任何状态下都能确保盈利。即便如此，通过调查，长正咨询公司还是发现了成功的商业模式都普遍存在以下 3 个特点，如图 2-2 所示。

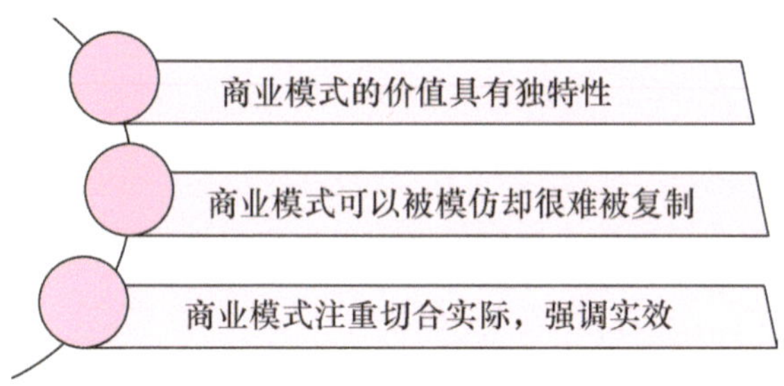

图 2-2　成功商业模式的 3 个特点

◆ 商业模式的价值具有独特性

独特价值的意义不仅在于新奇的思想，更多体现在产品和后续的服务上。例如，顾客能够以相对较低的价格获得满意的产品价值，或者产品与服务的组合能够给顾客提供更多的附加值。

以 Home Depot 为例，作为美国一家大型连锁家用器具商场，其在高端服务上狠下工夫，把价格低、品种全和服务质量高三种优势融合在一起，尤其在服务方面，引进高价专业商店内特有的专业咨询服务，无形中拉高了商场的服务层次，使顾客以较低的价格获取更大的利益。

◆ 商业模式可以被模仿却很难被复制

企业通过商业模式确立与其他企业不同的独特地位，尽管不同的商业模式有不同的做法，但目的是相同的，那就是提高自己行业的门槛，保障利益来源。

以直销模式为例，戴尔在这个模式中做得风生水起，很多企业都模仿戴尔模式，却不见得人人都能复制戴尔的成功。这就充分说明了，优秀的商业模式在形式上或许可以被模仿，但成功的精髓却难以被复制。

◆ 商业模式注重切合实际，强调实效

商业模式要想成功就要落到实处，实事求是，稳扎稳打，在对客户行为进行准

确定位和科学预判的基础上建立商业模式。商业模式的很多细节看似简单，但却贵在长久坚持，如收支平衡和量入为出等。企业对于自己的产品对用户的吸引力在哪儿、盈利点在何处、哪些客户是有效客户、哪些客户并不能给企业带来利润等问题都要有一个清醒的认识，否则就会造成企业业绩飘忽不定，容易大起大落。这种现象在互联网经济大热的时候更是屡见不鲜。

总而言之，优秀的商业模式必然能体现出这家企业与其他企业明显的与众不同之处，能够吸引客户、获取利润和维持可持续发展。企业一旦形成一个完整健康的系统，各个部分相互支撑，共同协作，改变其中的一个部分就相当于换成了另一种模式，这表明优秀模式的精髓不可复制。

2.2.2 商业模式再造的 3 个维度

在互联网商业环境下，许多行业开始出现一家独大或者是多家联合垄断的局面。在经营压力及资本诱惑的双重因素下，许多中小企业被大型企业收购兼并，最终的行业格局成为大型企业与小微企业共存。虽然在大型企业眼中，这些小微企业对它们不会产生太大威胁，但是这些小微企业仍然是整个行业产业链中不可或缺的组成部分。

在“互联网＋”时代背景下，一方面需要企业实时掌握自身与外界之间的联系，实现自身与利益相关者之间的动态平衡，从而在这个基础上进行企业内部组织结构与商业模式的创新发展；另一方面企业应该提升自己对人才、资源及外部资本的整合能力。具体来说，企业必须做好以下 3 个方面。

★ 实现从机会主导向战略主导转变；

★ 实现从公关管理到系统管理的转变；

★ 强化资源整合能力及组织能力。

企业的商业模式在其发展中具有十分重要的作用，在欧美地区的商学院中有着这样一条规则：经商最为重要的不是人才，也不是资金，而是模式。商业模式的发展可以看作一家企业交易结构的改变，并在这个过程中达成了某种商业目的，具体到企业内部就是员工与客户之间的交易结构发生改变。

商业模式更深一层的意义是对社会发展趋势的掌握，对社会整个资源结构的掌握，也就是企业根据社会的特征对商业模式进行重塑。未来的企业将是基于资源共享实现高度协同的社会化企业，商业模式再造可以从以下 3 个维度进行。

（1）商业模式的重塑本质是营销战略的创新发展

在实践中，企业需要掌握几大营销逻辑。

★ 产品及服务是一家企业的发展战略；

★ 价格乃是企业营销推广的顶层设计；

★ 渠道可以看作企业的政治体制；

★ 传播的关键是建立良性口碑及企业形象。

（2）商业模式的 4 个基本要素

★ 用户模式，要精确定位企业产品及服务的用户群体，清晰了解不同的用户群体需要创造什么样的价值、怎样界定这些不同的用户群体。

★ 产品模式，也就是产品生产的方向性问题，到底是应该对产品进行优化，还是创造出一种新的产品，对企业而言有很大区别。

★ 市场模式，要面对的是营销市场定位、营销创意及渠道创新的问题。

★ 盈利模式，即如何将用户价值转化为企业的真实收益，实现商业价值变现。

（3）商业模式五大结构性设计

★ 战略定位设计。企业是要做生态型的全产业链，还是要抢占产业链中的盈利能力最强的上游市场。

★ 业务架构设计。业务结构乃是商业模式的核心，主要包括企业实现业务目标所需要的业务流程、各个层级所应扮演的角色等。

★ 核心资源设计。企业实现战略目标所必需的资产、技术和人才等资源的整合和重组。

★ 盈利模式设计。企业如何控制压缩成本、获取用户和价值变现等。

★ 现金流设计。现金流表示一家企业在资本市场中所具有的价值以及企业对自己的现金收入及投资等方面的资金分配。

这 5 个方面的设计能够确保企业在资本市场中获得投资价值。从价值角度上来说，企业所拥有的投资价值将是衡量企业商业模式的重要指标，它能反映出一家企业的商业模式是否得到资本市场的认可。企业的投资价值一般受到企业的发展前景、发展速度和盈利能力等多种因素的影响。优秀的商业模式能够起到事半功倍的效果，确保企业运营成本低、盈利能力强和发展速度快。

2.2.3 商业模式再造的六大路径

无论再优秀的商业模式都不可能一劳永逸，必须要随着客户需求和市场需求的变化而做出相应的调整。商业模式再造主要有以下六大途径，如图 2-3 所示。

◆ 从量入手扩大现有模式规模

量的增加实际上是对现有商业模式的一种强化。以 W.W. Grainger 公司为例，这是一家美国专营 B2B 业务的公司，向全球百万余家工商企业和承包商等供货，货物类型从设备到日常用品应有尽有。该公司不断更新强化订货途径，使得客户能够非常容易地通过该公司订货。订货途径包括宣传单页、传真和电话等，还有如今更加便捷的网上订货。

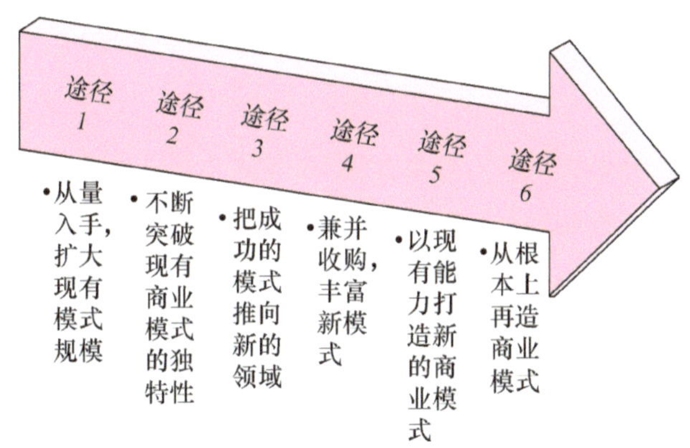

图 2-3　商业模式再造的六大路径

这些途径的综合利用满足了客户的订货需求，引导客户向该公司订货。这就是一种典型的对原有模式进行强化，把业务不断引向更新和更广的领域，通过丰富商业行为实现形式、增加客户量和创新产品线等多种形式来实现量的改变，从而扩大利益回报。

◆ 使现有商业模式的独特性不断突破

独特性的突破主要在于企业能给客户带来的独特的、有效的和吸引人的价值，以此来对抗机械的价格战所带来的压力。

半导体测试设备供应商美国 Teradyne 公司之所以能在全球做到领先位置，一个重要的原因就在于其对于产品升级和周边服务的重视。利用创新产品吸引客户，利用后续的独特服务维持客户，把竞争压力从产品转移到服务商，这就是其独特性所在。而为了给这种独特性带来突破，Teradyne 公司也不断向市场推出突破性产品，以提高自己的竞争力。

◆ 把成功的模式推向新的领域

企业成功的商业模式对其新产品向新市场的推出起到一个辐射的作用，也就是说借助新的领域把自己的成功模式进行复制。

以美国的 Aurora Foods 和 Gap 为例，前者作为一个打造食品行业品牌的平台，其旗下 9 个品牌无一冠上 Aurora 的名字。相反，Aurora 喜欢去“收集”市场上效果不尽如人意的品牌，然后在其内部推行自己的商业模式，为品牌注入新的生命力，Aunt Jemima 华夫饼和 Lender’s 百吉饼都是在这种情况下获得新生的。Gap 也是如此，品牌营销的优势和管理知识救活了 BabyGap 和 Banana Republic 等一系列品牌。

◆ 兼并收购，丰富新模式

就商业模式的更新来说，业务的卖出和买入是不少企业采取的一种新途径。

Seagram 公司通过兼并和收购使自己从一个酒类生产商摇身一变成为一家娱乐服务公司。更有趣的是，在之后 Seagram 又经历了被法国 Vivendi Universal 公司收购，再后来 Vivendi Universal 又把葡萄酒和烈酒的生产业务卖给了另外两家公司。几番“折腾”下来，Seagram 最初的商业模式已经面目全非了。

◆ 以现有能力打造新的商业模式

有些公司自身商业模式的成功基石在于本身的优势技能，如加拿大的 Bombardier 公司，其业务起点是制造雪地车。为了吸引客户，其以分期付款的方式向客户出售雪地车，逐步向财务服务和雪地车租赁业务等方向发展。

此外，雪地车制造的传统为其在制造业（包括飞机在内的大制造业）领域发展提供了经验。再借助其在雪地车租赁行业的经验，开展给富人提供飞机租赁的业务，或者是出售部分飞机的所有权。

由此可以看出，Bombardier 在一个商业模式的发展中逐步积累了经验、知识体系和能力，从而衍生出一系列的商业模式。

◆ 从根本上再造商业模式

商业模式的改变很多时候意味着企业结构的整体改造，企业的组织、文化、价值和能力等方面都会成为改造的切入点。IBM 和 HP 等跨国企业以及联想和神舟等国内企业都经历了这样的阶段，在不断的改变中再造商业模式。

当大型企业的产品逐渐不能在现今的竞争环境中获得明显优势，决策者就会把目光转向产业链的两端来寻求新的利益点。在这种情况下，商业模式需要进行根本上的再造。

要想明确一个清晰和稳定的发展方向，公司管理层首先要对企业的商业模式有一个清楚的认识，并能够完整地表达出来。此外，管理层还要确保员工能够理解这个商业模式，并能够认识到自己应当如何在这个模式中发挥自己的价值，从而正确把握企业的利益来源。

只有员工把这些问题熟记于心，他们的日常工作行为才会成为公司利益增长的动力。当每一个员工都能对企业的商业模式有透彻了解并能够清楚知道自己在其中的定位时，企业就获得了可持续的竞争力。

2.2.4 乐视模式：平台 + 内容 + 终端 + 应用

2004 年 11 月，贾跃亭创立了乐视网信息技术（北京）股份有限公司，即乐视。乐视发展初期以无线流媒体的运营为主导，后进军手机电视领域，在网络电视行业脱颖而出，并不断拓展业务范围。其在网络视频经营、超级电视及手机，乃至超级汽车领域都有所涉及。乐视于 2010 年 8 月成功上市，成为我国第一家 A 股网络视频企业。乐视的分支机构有很多，目前隶属于乐视的企业有乐视网、乐视控股、乐视移动和乐视影业等。

乐视以内容生产、网络视频运营以及终端建设为核心，采用平台运营、内容生产、终端建设及应用端发展相结合的商业模式，致力于建设成熟的生态体系。在这里，我们着重分析乐视的发展规划。

◆ 平台端

乐视的平台端包括两部分：云视频开放平台和电商平台。

乐视的云视频开放平台利用云计算技术，提供面向用户个人、合作公司及机构的各类视频服务，如视频共享、视频存储与管理、视频搜索与查询和格式转换等。乐视云计算有限公司于 2014 年 1 月底落成，由乐视网与乐视控股合作建立。现如今，视频直播、视频点播以及内容分发等都属于乐视云计算的范畴，其运营涉及电视、教育、智能家居和电商等行业。乐视网公布的统计结果显示，到 2015 年乐视的内容分发网络节点已超过 600 个，4000 多家公司与其达成合作关系。

乐视的电商平台，即乐视商城。在早期发展阶段，乐视商城以智能硬件的经营为主导，属于社会化电商平台的一员，依靠粉丝用户的支持获得发展。之后，乐视生态体系日渐完善，乐视商城开始转变发展方向，作为乐视生态的组成部分，具有明显的生态化特征。

乐视商城于 2015 年 5 月更新域名，用 lemall.com 代替原本的 shop.letv.com，公开表示乐视商城要向生态型方向发展。另外，乐视的电商平台推出一系列服务项目，旨在推动乐视旗下的乐视网、乐视体育、乐视影业和乐视超级电视等进一步发展，扩大乐视产品的覆盖范围，允许用户进行实地体验，再通过网络平台下单购买，简化操作流程，优化用户体验，采用场景化营销方式，为用户提供高品质服务。

◆ 内容端

乐视的内容资源具有多样化的形式体现，包括影视剧、音乐、动漫和综艺类内容等，在内容生产方面，乐视既独立生产内容资源，又买进内容版权，在内容方面具有明显的竞争优势。目前，除了乐视独立生产的内容外，乐视影业、花儿影视以及乐视买进的版权都属于其内容端的资源。

（1）乐视影业

2011 年，张昭（原光线影业创始人）与贾跃亭联手创立乐视影业，作为一家影业公司，位于产业链的顶端环节。"互联网时代的电影公司"是乐视影业的公司定位，旨在通过互联网平台优势发展影视产业。

2012 年 4 月，乐视影业举行战略发布会，将自身的运营模式定为"蝴蝶模式"，将该公司的整体运营模式分为六部分，如同蝴蝶是由头部、4 个翅膀以及身体 6 个部位构成的一样。其中，乐视影业的内容生产相当于蝴蝶的头部，通过网络平台的内容营销等同于蝴蝶的左上翅，实体店的营销宣传等同于蝴蝶的左下翅，网络平台的内容推出为右上翅，影院的内容推出则为右下翅，最后一部分将线上渠道与实体推广结合起来，相当于蝴蝶的身体。

（2）自制剧

如今，我国许多实力型视频网站相继推出独立制作的影视内容。其内部生产的作品数量逐渐增多，质量也不断提高。除了乐视网之外，包括优酷、搜狐、腾讯及爱奇艺在内的视频网站在独立内容生产方面都表现出较强的实力。

（3）乐视体育

最近几年，以万达、苏宁和阿里等为代表的巨头企业在体育行业加大了投资力度，在体育行业展开激烈的竞争，乐视也加入到这个队伍中。

乐视于 2012 年 8 月正式推出体育频道，主要经营体育比赛的视频搜索、直播及相关信息播报，如篮球、足球、高尔夫和搏击比赛等。乐视体育在 2014 年 3 月从乐视网独立出来，并组建乐视体育文化产业发展（北京）有限公司，其首席执行官一职由雷振剑出任。与此同时，乐视体育向外延伸自己的经营范畴，在提供体育赛事视频服务的同时，开展内容运营，并推出增值服务，旨在建设完整的生态体系。

乐视体育和乐视网在 2015 年下半年共同向北京益动注资，依靠平台在长期发展过程中积累的流量、内容和资源等优势力量，在合作中获得协同效应，有利于乐视网的社群经营与乐视体育的进一步发展。

近年来，乐视体育花巨资买下各大体育赛事的版权。统计结果显示，NBA、西班牙足球甲级联赛、英格兰足球超级联赛、意大利足球甲级联赛、德国及法国足球甲级联赛和 CBA 赛事的版权都归于乐视体育名下，该平台拥有的比赛规模超过 1000 场。除此之外，乐视还在美国等地拥有分支机构，正在发展成权威性的体育品牌。

（4）乐视音乐

在音乐方面，乐视主要进行演唱会直播，同时为用户提供相关视频服务。乐视音乐于 2012 年发布互联网音乐现场品牌"live 生活—音乐会"，涉足演唱会的网络直播运营，之后又在 2014 年联手著名音乐人汪峰，通过乐视超级电视与乐视网进行汪峰 2014 年演唱会的视频直播，进一步拓展了自身的业务范围。

香港亚洲流行音乐节商贸论坛于 2015 年 3 月 26 日举办。活动期间，乐视音乐公司正式公开由乐视音乐总监尹亮出任公司的首席执行官。乐视音乐借用互联网平台优势，同时结合先进的科学技术，在音乐领域进行深耕，在经营音乐版权的同时，提供增值服务，开发硬件产品，旨在建立完整的音乐生态系统。乐视音乐将通过电脑、手机、电视和平板电脑 4 个终端渠道进行内容分发，同时，在乐视超级电视打造不同类型的音乐频道。

（5）版权采购运营

乐视网在早期发展阶段就重视版权的采购，在独家版权与非独家版权方面都有涉及。21 世纪初，国内企业还没有认识到版权的重要性，版权市场缺乏统一秩序，乐视趁机拿下众多版权。统计结果显示，在 2010 年之前，乐视掌握版权的电影作品超过 2300 部，电视剧作品超过 4 万集，手中握有多部影视剧作的唯一版权。

在发展初期，乐视主要通过非独家版权丰富自己的资源内容，以独家版权内容进行宣传，与此同时，通过出售独家版权内容来扩大自己的营收规模。

◆ 终端：硬件及系统

（1） LetvUI 系统

乐视的终端产品具有多样化的特点，其用户界面所使用的系统统称为 LeUI。根据终端产品的不同类型，LeUI 系统可具体分为 TV 版、Mobile 版和 Auto 版等，以满足不同终端用户的需求，不同终端之间还可实现信息共享。

（2）硬件

乐视在硬件领域涉及广泛。迄今为止，已经推出的产品有乐视超级电视、机顶盒、乐视超级手机、超级汽车、智能自行车和路由器等。

① 乐视 TV 超级电视。乐视 TV 全称乐视致新电子科技（天津）有限公司，于 2012 年 2 月建立，隶属于乐视网信息技术（北京）股份有限公司，以电子产品、信息技术服务和广告业务的运营为主。

作为乐视智能终端的组成部分，乐视 TV 的覆盖面较广，超级电视、乐小宝故事时光机和乐视盒子等硬件产品都在其范畴之内，其软件系统为 LeUI，还可连接乐视商城。

② 超级手机。乐视移动智能信息技术（北京）有限公司于 2014 年 5 月建立，开始在手机领域大展拳脚，从事手机产品的设计、发布及生产，并经营相关的信息及技术服务。乐视在 2015 年 4 月举办新品手机发布会，发布了乐视超级手机 1、乐视超级手机 1 Pro、乐视超级手机 Max 三款手机。乐视手机可与其他乐视智能产品实现信息资源的连接，丰富了乐视网的内容推广渠道。

③ 超级汽车。乐视创始人贾跃亭于 2014 年 12 月在微博上对外公开了乐视将推出超级汽车的消息。

乐视于 2015 年 1 月 20 日在北京召开发布会，主题叫作“定义未来”。期间，乐视对超级汽车计划“SEE 计划”进行了官方说明，公开表示乐视超级汽车公司已经落成，公司的副总裁一职由吕征宇出任，他在汽车行业拥有 20 多年的专业经验。与此同时，乐视发布智能汽车系统 LeUI Auto 版，进一步拓展了 LeUI 系统的应用范围，打通手机、电视和汽车等终端，为用户提供完善的互联网信息服务。

乐视推出的 LeUI Auto 的 lite 版在 2015 年 2 月 3 日正式面向用户开放，供用户下载体验；2015 年 9 月 9 日，乐视与北京电庄科技有限公司达成合作关系，在汽车电力能源补充站点建设方面加大投资；之后，曾在上汽集团任高层管理的丁磊出任乐视超级汽车的全球副董事长，兼任乐视超级汽车中国及亚太地区的首席执行官；乐视汽车于 2015 年 10 月以 7 亿美元的价格向易到用车投资，掌握了其 70% 的股权。乐视采取的此番举动，有利于其汽车生态体系的完善。

④ 超级自行车。乐视体育公司投入运营后推出的第一款智能硬件产品便是“超级自行车”，乐视体育于 2015 年 4 月联手飞鸽集团，进军智能自行车领域。

乐视体育于 2015 年 8 月推出第一款超级自行车“鵟 buzzard”，分为斯塔利、西夫拉克和阿尔普迪埃 3 个版本，结合实时通信、智能定位、音乐播放、数据收集及分析、发光警示和防盗等多项技术，于 2015 年 10 月正式投入市场。

在其发展过程中，乐视始终给人出奇制胜和先声夺人的印象，似乎没有什么固定的逻辑。可以肯定的是，乐视的总体生态发展规划确实取得了不错的效果。乐视在未上市时，其品牌知名度及影响力都十分有限。近年来，乐视的生态战略经历了实践的检验，乐视在其所属领域中的优势地位日渐明显。如今，乐视的所有举动都成为人们关注的焦点。

◆ 应用端

乐视的 LetvUI 系统推出了一款市场应用软件，即 Letv Store（乐视应用商店），为安卓设备用户提供各类应用服务，供用户下载第三方应用。

乐视应用商店为智能电视提供应用和游戏下载及管理服务，其应用规模超过 4000 款，包括视频播放、各类游戏软件和电子阅读等多样化应用。除了乐视内部的设备应用之外，国内七成以上的智能电视品牌都采用了 Letv Store。

2.3 再造利润区：企业持续盈利的"三驾马车"

2.3.1 从固定、剩余到分成

设计商业模式也就是设计企业与各个利益相关者的交易结构的过程。而其中盈利模式的设计是商业模式设计的关键环节。从盈利模式上来看，传统企业一般由自己承担成本，而收入则来自于直接客户。成本以及收入可以进行拓展，配置给不同的利益相关者。

★ 成本：可以由企业自己承担，可以由第三方出，也可以由企业与第三方一起出，或者是可变成本为零。

★ 收入：可以来自直接客户；可以面向直接客户免费，由第三方出钱；也可以同时向直接客户和第三方收钱。

★ 将这些选项进行随意组合，可以产生 12 种盈利模式。但是不管盈利模式有多少种，每一种盈利模式都有特定的规律，而且有一定的实施先决条件。

嘉兰图是国内最顶尖的设计机构，拥有国内规模最大的工业设计师团队，尽管嘉兰图被各种光环环绕，在国内设计领域享有较高声誉，但是嘉兰图在设计项目的收费上依然采取固定收费的盈利模式：按照每个设计项目的工作量以及难度不同收取费用，费用在几十万元至上百万元不等。

采用固定收费盈利模式，可以将失败的风险完全转嫁给客户，设计师可以避免承担风险；另外，设计费成为了客户的成本支出，客户必定会压缩成本。在这种单一的定价模式下，企业之间为了竞争不断压低设计费用，导致了设计费用一降再降，破坏了工业设计市场的竞争环境。

2009 年，嘉兰图推出了一款专为老年人设计的老人手机，并在这款产品上采用了新的定价模式，战功初现，顺利帮助嘉兰图摆脱了恶性价格竞争。

嘉兰图是这样设计定价模式的：嘉兰图在设计出老人手机之后，申请专利，并将这种专利授权给有需求的客户，根据客户的生产量收取授权费用。这样一来，设计失败的风险就变成了由嘉兰图与客户共同承担，不仅充分体现了设计的价值，而且客户支付的价格也有了可计量的标准。

为了确保客户能够告知准确的生产量，保证自己的收入，嘉兰图与客户签订了一份协议，协议中规定老人手机生产中某个关键生产元件必须由嘉兰图负责联络采购，这样一来，嘉兰图就可以准确掌握客户的生产量。仅靠老人手机这一个项目，嘉兰图在 2009 年获得的授权收入就达到了 1000 万元，是原来项目固定收费模式收入的 10 倍以上。

在嘉兰图的案例中，涉及的盈利模式包括固定、剩余和分成等，利益相关者之间的合作以及如何划分合作的产出都可以囊括其中。

在过去的盈利模式下，嘉兰图根据设计项目的工作量以及工作难度决定收费价位，获得固定的收益，设计案能够为客户带来多少营收都与嘉兰图没有关系；采用了设计案的客户获得产品销售的剩余收益，除去支付给嘉兰图的设计费用外，设计案带来的全部剩余收益都归客户所有。也就是说，嘉兰图获得固定收益，客户则获得剩余收益。

在固定收费的盈利模式下，获得剩余价值的利益相关者会尽可能地增加交易价值，保证自己获得更多的收益，而获得固定收益的一方只会贡献自己的一部分力量。例如，嘉兰图过去只收取固定的设计费用，客户靠设计案能获得多少收益与自己并无关联；在采用了分成模式之后，嘉兰图自己也开始承担起部分设计风险，产品越热销，后期嘉兰图可以获得越多的授权费。此种模式可以给予嘉兰图更大的激励。

2.3.2 建立企业内部盈利模式

对于内部存在诸多活动环节以及部门的企业而言，设计适用于内部彼此间的盈利模式也具有重要的意义。稻盛和夫创立的阿米巴经营的一个亮点就是打造了一种全新的内部交易的盈利模式。

在传统的内部盈利模式下，部门间的交易一般采用固定的方式。例如，生产部门将产品交给销售部门销售的时候会设立内部销售价，销售部门以高于内部销售价的价格将产品卖给客户，超出内部销售价之上的部分就是销售部门的毛利润。也就是说生产部门获得固定收益，而销售部门获得剩余收益。如果说销售部门为企业做出了决定性贡献的话，那么生产部门只是销售部门的搭档而已。

而阿米巴经营打破了这种盈利模式，生产部门与销售部门采用了分成的模式：生产部门将产品交给销售部门，由销售部门对产品进行定价，并将其售价的一定比例作为销售部门的佣金。

如果生产成本为 70 元，销售佣金比例为 10%，销售部门确定的产品定价为 100 元，那么销售部门就可以获得 10 元的佣金，而生产部门将获得 20 元（100 − 100 × 10% − 70 = 20）的利润。在这种盈利模式下，生产和销售部门享受分成收益，共创价值，共担风险。

虽然由销售部门对产品进行定价，但是生产部门在其中也发挥了一定的作用，销售部门的佣金比例是生产部门和销售部门共同协商确定的。生产部门对销售定价的确定具有间接影响，而最终定价则由更靠近市场的销售部门决定。

这样一来，共创价值、共担风险的生产部门和销售部门可以形成良好的互动：一旦产品销售不好，生产部门和销售部门的收益都会受到直接影响，双方不得不团结在一起共同探讨解决方案，共同应对难关。因此，即便是离市场稍远一些的生产部门也需要时刻掌握市场的变化。

在传统内部盈利模式下，生产部门只能获得固定的价格，对于市场上的波动几乎不会产生任何反应。而对于一些拥有稳定客户、以成本控制和质量控制为导向的企业来说，这种对市场的及时响应具有重大的意义。

为了提高对市场的敏锐反应，充分发挥各个部门的作用，共同为企业创造价值，京瓷设计了两种方式，可供其他企业参考和借鉴。

★ 打通外部市场。打破企业内部与外部市场的界限，如果外部供应市场比内部价格更低、质量更优的话，可以向外部供应市场采购；而如果外部销售市场比内部售价更高、条件更好的话，则可以直接将产品销往外部销售市场。

★ 单位时间核算。京瓷中的每一个阿米巴都可以独立计算成本和收入，核算到单位时间，并且每日在公司内部公布核算结果，以此评判每个阿米巴之间的竞争实力，而这种内部的相互竞争又可以成为阿米巴之间相互激励的动力。

2.3.3 降低企业盈利的风险

交易的达成包括搜寻客户、讨价还价和执行三个阶段，在这三个阶段中，由于信息的不对称以及不完整性，导致了交易成本的产生。与获得固定收益的一方相比，获得剩余收益或分成的利益相关者会更多地去监督固定收入获得方能否尽全力实现交易价值的最大化，监督的过程就是获得和完善信息的过程。如果监督过程成本较小，如获得固定收益的利益相关者同质化程度较高，容易确定投入和产出，那么只要在交易前订立契约或者是交易后进行有效监督，就可以降低交易成本。

以农业为例，当企业资源充足、农户数量供过于求的时候，农户为了拿到这份工作，必定会努力工作，其产出易于计量，这样一来，采用工资制契约可以降低讨价还价和执行所产生的交易成本。

而企业拥有丰厚的资源，如广袤的土地，也会带来监督成本的上升。而对于种植能手而言，固定的工资并不能激励他们努力生产，而且也容易让一些不辛勤的种植者钻空子。当信息严重不对称、监督成本超过交易价值的时候，企业就会通过契约方式或者租赁制契约降低讨价还价和执行的成本。例如，租赁制契约让种植能手获得剩余利益，不仅可以实现交易价值的最大化，同时也可以有效降低企业的监督成本。

有过在综合性商场购物经验的消费者都会知道，有的消费需要在柜台结账，有的消费则需要在收银台结算。造成这种现象的原因是商场与商户之间的盈利模式主要有三种，即固定、剩余和分成。

（1）固定：固定的租金专柜，一般在柜台结算。商户需要向商场缴纳固定的租金费用，并自负盈亏，商场只收取固定的租金，而不关心商户的经营销售状况，因此监督成本较低。这种商户对商场的依赖性不大，在剩余价值的吸引下可以更好地激励商户提升经营水平以吸引更多的消费者。在一定程度上可以间接提升未来的租金水平，如客流量大了之后，餐饮店的租金就会相应上升。

（2）剩余：自营销售业务，商场从商户手中购买产品，并将其卖给消费者，从中赚取差价。通常是需求比较稳定的产品，而且商场通过长期合作能拿到稳定的进货价，在投入一部分人员以及管理成本之后获得销售利润。

（3）分成：合作销售专柜业务，一般需要在收银台结算。由销售人员开单，消费者拿着单据到收银台结账，最后凭相应票据到柜台取商品。在这种盈利模式中，销售状况是面向商场和商户公开的，而且这也是销售分成的重要依据，监督成本也不高。在这种盈利模式下，商户对商场的聚集效应依赖性较强，这种效应又不能具体计量为固定的租金，因此采用分成最为合理，而且这种模式也将成本和风险都考虑在内了。

要想产生交易价值，就必须有一定的投入，但是却不能保证产出，这就属于交易风险。例如，在企业与农户之间建立的工资制契约中，监督农民的监督员有可能与农户勾结欺骗企业，这就是一种风险。

2.3.4 “三驾马车”模式组合拳

通常情况下，一个企业在经营过程中需要与多方展开合作，不同的合作方有各自不同的性质。因此，企业基本上不会采用单一的定价模式，而是采用多种定价方式的组合以及变形。以下是几种定价方式组合和变形之后的结果。

（1）变动的固定收益

例如，商业地产商在商圈成长和培育阶段，为了吸引更多的商户入驻，地产商一般会收取较低的租金，而随着广告投入越来越大以及品牌名声日渐打响，商业地产商会逐渐提高租金。因此，虽然商业地产商只是收取固定的租金，但是通过提高租金也分享到了商圈的收益。这也就解释了为何商业地产商愿意花重金打广告以及邀请明星大牌为自己商场宣传活动坐镇了。

（2）保底的分成

在竞争激烈的暑期电视市场稳居一线的《中国好声音》就是一个典型。《中国好声音》的制作班底是星灿制作，它在浙江卫视推出这个栏目的时候，与浙江卫视约定：如果这个节目的收视率没有达到一定的标准，星灿制作将承担全部的损失；而当超过该标准之后，双方将按照一定的比例实行分成。这也就意味着收视率越高，星灿制作就获得越高的收益；反之将承担更多的损失。

（3）针对不同利益相关者设计不同的定价

例如，在商场中针对固定的租金专柜、自营销售业务以及合作销售专柜业务分别采取了固定、剩余和分成。

（4）对同一利益相关者进行不同定价的叠加

例如，在深圳农产品交易市场，直接与供应端连接的一级批发商将农产品销售给二级批发商，而与需求端连接的二级批发商将产品卖给其他客户。深圳农产品市场的固定收入主要来自一级批发商进驻市场缴纳的席位费、二级批发商的档位费以及一级批发商每批农产品的进场费。同时，市场还要收取每笔交易的 1.5% 作为分成。

企业的资源能力对定价方式的选择具有重要的影响。深圳农产品交易市场之所以能够采用多样化的定价方式，与其自身的资源能力具有密不可分的联系。

★ 深圳农产品交易市场拥有多个规模庞大的物流配送中心，同时为覆盖全国范围的农批市场网络提供综合金融服务；

★ 在实体批发市场领域，深圳农产品交易市场研制开发出综合了计算机、打印机、读卡器以及磅秤等功能的交易一体机，并与流动交易结算车和交易结算中心构成了交易市场电子结算的"三驾马车"；

★ 在虚拟市场领域，瞄准了易于实现标准化的大宗商品，推动建设电子商业交易平台以及整合更多的优势资源。

2.4 Uber 的共享经济："互联网 +"时代的商业颠覆

2.4.1 Uber：共享经济开启出行革命

若只是单纯地从打车工具的角度出发来分析 Uber，很难探究出这家公司的估值能够居于非上市公司第一名的原因。对此，很多业内人士认为，是共享经济成就了 Uber 今天的辉煌。

Uber 的创始人兼首席执行官 Travis Kalanick（特拉维斯 · 卡拉尼克）认为，在传统汽车供求行业存在两个突出问题。一是许多汽车资源得不到有效利用。虽然全球投入应用的汽车规模已经突破 10 亿辆，但其真正使用的时间大约只占 4%。同时，汽车停靠需占用大量的空间。二是人们对汽车使用的需求量大，当人们产生出行需求时，经常要等很长时间才能坐上出租车。

Uber 采用共享经济模式，不仅能够提高车辆的利用率，让车主在空闲时间提供服务，而且能满足众多消费者的出行需求，实现供求信息的对接，充分发挥移动互联网的技术优势，方便服务提供者与用户之间的联系沟通，提高资源利用率，减少汽车资源的浪费。

共享经济模式能够产生很高的社会价值。在优化资源配置、连接供需信息、以较低价格满足消费者需求的同时，其作用还体现在以下几个方面。

（1）帮助很多人解决了就业问题。据统计，Uber 在一个月之内能够吸纳几十万个服务提供人员，其从业人员多以兼职形式参与进来。在与 Uber 达成合作关系后，这些司机能够根据自己的生活作息自由决定服务时段，在从事自身工作外的闲散时间驾车出行，增加营收渠道。调查结果显示，大多数 Uber 的服务人员拥有大学以上的学历，一般都已成家立业，他们在一周之内能够为 20 多个用户提供服务，扣除汽车的能源消耗及保养费用，从中获得 300 ～ 400 美元的利润。

（2）缓解交通压力，保护环境。Uber 政策和战略高级副总裁 David Plouffe 认为，拼车出行能够在很大程度上缓解交通拥挤，人们因此能够节省出行时间，提高出行效率。另外，若人们采用拼车模式，控制私家车的增长，有助于空气质量的改善，私家车停靠所占的空间也能够控制在一定范围内。以美国当下的经济发展状况来预计，由此产生的社会效益可突破 1000 亿美元 / 年。

当前，越来越多的人被 Uber 商业模式巨大的价值创造能力所吸引，并试图像

Uber 一样去颠覆重塑各个领域的行业形态。有关研究指出，继餐饮、交通和酒店行业之后，众多投资人已经向超市购物、零售、家政服务、商务和娱乐活动等领域的 Uber 模式的初创公司投入了 50 亿美元的资金。

这些新兴公司正凭借 Uber 商业模式的巨大创新服务能力，迅速打开相关行业的市场缺口，并从传统企业手中抢占市场和客户。因为越来越多的消费者开始青睐 Uber 所代表的"互联网 +"时代下的全新商业模式，并希望从中获取更好的优质服务和更多的体验价值。

不过，对传统企业而言，Uber 所代表的商业模式是一种冲击和威胁，但又何尝不是进行自我转型升级的一个最佳契机呢？只要将个性化的服务捆绑到品牌中，以速度和便捷为运营理念实现服务提供的即时性，并围绕具体场景采取按需定价的策略，就有可能激发出自身更大的发展潜能，从而在移动互联时代的共享经济浪潮中占有一席之地。

2.4.2 Uber 的商业布局与自我复制

在实施共享经济模式的过程中，Uber 的运营获得市场认可后，该公司逐渐通过这种模式开展其他业务的经营。Kalanick 认为，若用户能够通过这种方式打车，其他一些对时间要求较高的服务项目也可以通过这种方式来运营。

Uber 于 2014 年 4 月在美国纽约开展众包快递服务 Uber Rush。用户可登录移动应用软件向服务提供者传达需求信息，服务人员上门取件，进行派送，用户能够随时监测物品的运输状况。具体收费与物品送达目标和用户所在地之间的距离有关。

之后，Uber 又推出按需产品运送服务 Corner Store，并于 2014 年 8 月在华盛顿尝试运营。其具体运作方式是，用户通过应用选择自己需求的零售商品（如牙刷、尿片和奶粉等），由当前尚未接单或顺路的司机提供送货上门服务，该服务不会向用户收取额外费用，在消费额度方面也没有设限。

Uber 于 2014 年 8 月 17 日正式公布 Uber Movers 服务项目，即帮助用户搬家项目。

在项目运营过程中，Uber 联手短程搬家公司 Bellhops，以大学生群体为主要服务对象，帮助他们把行李搬运到宿舍。

Uber 于 2015 年 4 月开始在纽约与芝加哥开展送餐服务（Uber Eats）。事实上，早在 2014 年 8 月，该公司就在美国洛杉矶与西班牙的巴塞罗那提供该服务项目。其服务主体依然为 Uber 的司机，用户只需 10 分钟就能享用自己订购的菜品。

2014 年 2 月，Uber 宣布正式进入中国市场，发展了一段时间之后，该公司在物流领域也展开运营。Uber 与顺丰速运达成合作关系，于 2015 年 7 月在深圳上线“顺丰次晨”服务项目。用户有送件需求时，只需简单的点击操作，就能享受到 Uber 司机的上门服务；同时，服务人员能够在第二天上午十点半之前将快递送到目的地。随着 Uber 的发展，其在中国市场的业务范围会逐渐向外延伸。

按照 Uber 的发展规划，该公司在未来将不断完善自身的交通网络体系，为用户提供方便和及时的服务；在提供出行服务的基础上，逐渐拓展业务范围，向物流领域延伸。用户利用 Uber 的移动端应用软件，选择自己所需的服务项目，通过简单操作完成下单，就可享受 Uber 提供的相应服务。

出于完善自身服务体系的目的，2015 年以来，Uber 在无人机驾驶方面倾注了更多的精力。卡耐基梅隆大学的科研团队非常擅长自动驾驶车辆的技术研发。2015 年 2 月，Uber 联手这所学校出资建设了专业化的实验机构，为无人驾驶技术的研发提供技术及资源支持。

有人认为，无人机驾驶在短期内难以取得突破性进展，与 Uber 现阶段的业务运营也没有太大的关系。但在 Kalanick 看来，Uber 的用户之所以要支付较高的费用，是因为他既要为车辆本身付费，还要向服务人员支付部分费用；若使用无人机驾驶车辆，就能大幅降低用户使用 Uber 的成本，甚至比自己买车出行的成本还要低。届时，Uber 的共享模式将在更大范围内得到实践。

从长远角度来分析 Uber 的发展，不同的视角看到的价值也不同。

若单纯将 Uber 看作与出租车公司具有同等功能的企业，其价值是十分有限的。

若站在消费者的立场来分析，Uber 可代替用户承担日常生活中的多项功能。例如，接送孩子，将前来探访的亲友送到车站，将你送至约会地点，酒后再安全地把你送回家，提供许多商品的送货上门服务等，其价值就得到更加充分的体现。若用户以 Uber 的应用代替自己购车，其价值就更加明显。更进一步来分析，Uber 依托现代互联网技术，满足世界各地用户的多样化需求，实现供求信息的对接，则该公司的价值可能超出我们的想象。

Uber 以出行服务的提供为开端，逐渐延伸至物流行业，接下来会在哪些领域有所涉及，让我们拭目以待。

2.4.3 共享经济模式的四大优势

近年来，越来越多的企业开始采用共享经济模式，其中知名度较高的便是 Uber 与 Airbnb。在房屋出租行业具有代表性的是小猪短租与 Airbnb，在餐饮领域具有代表性的是 Feastly 与 Eatwith，在医疗行业具有代表性的是 Page 与 Heal，还有共享办公空间 WeWork，这些企业都体现出共享经济模式在各个领域蔓延。

总体而言，共享经济模式具有如下特点。

（1）通过使用权的转让开展运营

很多情况下，人们进行消费不是为了拥有某种物品的所有权，而是为了能够使用它。例如，用户购买螺丝刀只是为了用它来拧紧螺丝，而不是为了拥有螺丝刀。共享经济就是让用户拥有使用权，而不是所有权。这种模式使物品的使用权独立出来，改变了原有的产权模式，让物品的相关服务面向更多的用户开放。

（2）提高资源利用率，减少资源浪费

随着经济的快速发展，人们的消费能力不断提高，购买的东西越来越多，浪费资源的现象也更加常见。欧盟的调查结果显示，以平均水平来说，用户的住所当中没有得到利用的资源接近 3000 美元的价值。共享经济则倡导物有所需，能够提高资源的利用率。

（3）符合个性化需求，对应人们的刚性需求及高频需求

在传统模式下，为了追求规模效应，大部分产品都是按照统一标准生产出来的。在信息技术快速发展的今天，人们的需求呈现出更加鲜明的个性化特征。共享经济模式更能满足人们的差异化需要。例如，Airbnb 不同于酒店的统一设置，能够让旅客切身感受当地的独特性。另外，共享模式也能对应人们的刚性需求与高频需求。例如，Uber 采用共享模式为用户提供出行服务，Eatwith 则在餐饮方面满足人们对美食的需求。

（4）以共享方式降低连接成本

共享经济不是近几年刚提出来的，其发展历程可追溯到原始社会；那时，生产力还不发达，人们彼此间的共享得以存活。后来，生产力水平逐渐提高，特别是工业革命的开展使人们拥有更多的资源选择，共享方式逐渐被独享代替。如今，互联网和移动互联网的发展处于上升时期，人们重新认识到共享模式的重要性。该模式在多个领域得到应用，不同用户之间、用户与其他事物之间的连接成本大大降低。

在对共享经济模式进行深入分析后，华盛顿特区经济趋势基金会总裁、知名社会批评家 Jeremy Rifkin（杰里米 · 里夫金）推测，到 2050 年之后，共享经济模式可能会代替资本主义，在经济领域占据优势地位。届时，人们的生产力水平将上升到更高的层次，物联网运营成熟和完善，边际成本不断降低。用户在扮演消费者角色的同时，也参与到生产过程中，通过网络平台实现多方连接，使用权将成为人们关注的重点，共享经济模式将得到普遍应用，人们将进入全新的世界。

现如今，共享经济模式确实在不断发展，Jeremy Rifkin 的推测有可能变成现实。普华永道统计过，“共享经济”领域吸引了众多投资者的参与。随着该模式发展成熟，越来越多的资金将汇集该领域。2014 年，世界范围内的“共享经济”市场规模达 150 亿美元，预计该数字到 2025 年将提高至 3200 亿美元。

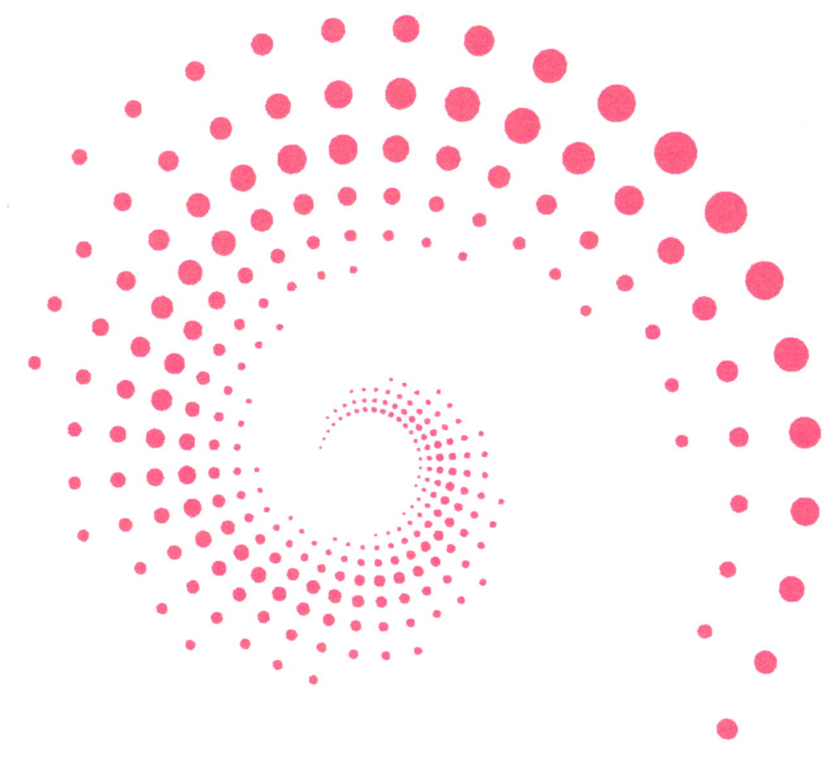

第3章

战略再造与转型：

建立企业持续竞争优势

3.1 战略再造：传统企业实现转型升级的关键

3.1.1 企业战略再造与转型升级

对企业而言，战略的定位和选择具有重要的意义。战略对于企业能否实现长期的经营绩效具有关键的作用，同时战略也是贯穿企业发展始终的一条中轴；如果能够准确掌握战略的精髓，那么就等于找到了企业快速发展的秘诀。

纵使企业战略如此重要，但在现实中仍然有企业家将企业的生存问题放在首位，认为只有企业在市场上存活了才有资格和能力来讨论战略的问题，但是这样做的结果往往使企业陷入了一个困局：企业家要么在忙着制定未来的战略，要么在解决因缺乏战略而出现的各种问题。实质上，企业的生存问题也属于战略问题的范畴。

当前企业在寻求发展突破中面临三大难题：融资困境、严重的用工荒以及全方位的高成本。怎么从这三大问题出发重塑企业的可持续竞争优势，进而为企业重新定义关键成功因素，是企业再造成功战略首当其冲的任务。

之所以要从战略视角讨论再造的问题，根源在于整个企业的生存环境开始面临“增长极限”的现状。

★ 市场增加的极限，反映了产品和服务正在逐渐脱离实际需求的现实；

★ 组织能力的极限，企业的管理模式以及文化发展已经不能满足新一代员工群体对组织的预期；

★ 商业模式的极限，传统和低效的交易结构开始面临严峻的挑战；

★ 价值观念的极限，受传统教育体系的限制，无法培养员工形成能够适应新时代发展要求的价值观，企业缺乏必要的信仰。

企业战略再造是对企业的战略目标以及实现目标的方式和理念进行重新定义，战略再造需要从全局出发，全面统筹组织结构、目标体系、商业模式、公司文化以及激励机制的发展，通过手段再造重新制定企业的战略目标。

战略再造主要围绕战略、组织和文化 3 个核心展开行动。在战略再造过程中，不仅需要联结企业的关键目标和关键成功因素，还需要有组织战略发挥指导作用。同时，再造要勇于打破常规。

因此，企业应该放眼于未来，站在未来，重新审视现在，突破过去从现在看未来的思维定式，突破现有战略系统结构以及知识框架的藩篱，将思维放到更广阔的空间，推动战略实现理论上有据可依，实践上法无定法。

对企业而言，战略始终是一个经久不衰的话题，对企业的重要性不言而喻。战略是一门站在全息角度分析和审视企业发展问题的学科。如果能够掌握这门学科的精髓，那么将有效推动企业的业务发展和问题的解决。

在将企业的战略落实到实践和执行中时，企业首先要思考战略目标是什么，怎样推动商业模式的发展。要实现战略驱动商业模式，商业模式反映战略的态势。同时，战略也应该具体折射在细分群体、渠道以及关键业务领域。

3.1.2 企业战略再造的3个原则

在企业战略再造过程中，亘古不变的是始终围绕企业核心竞争能力的提升，同时还力求收益平衡，促进企业的健康成长，在发展中不断化险为夷。企业通过战略再造的3个原则，如图3-1所示，确保战略实施过程中观念无障碍、视野无盲区和方位无死角，从而帮助公司节省因无知所需承担的成本。

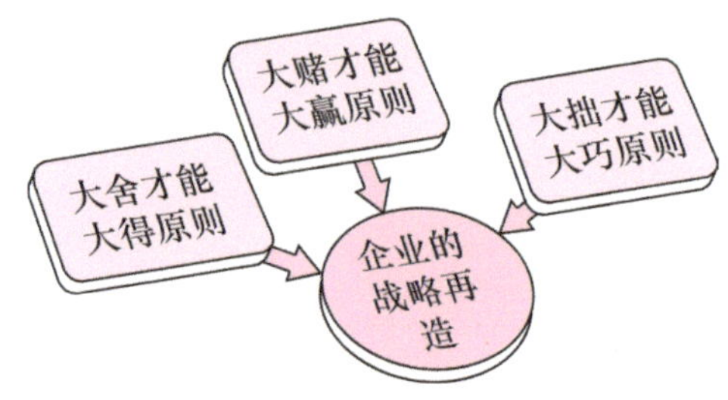

图3-1 企业战略再造的3个原则

什么是战略再造原则？战略再造原则有2个基本的特征：一是具有不可改变性；二是能够经受住考验。纵观整个历史长河，只有经典才同时兼具这两种特性。战略再造原则是不以时间和空间为转移的企业的行事原则以及企业在发展过程中积累的经验。

◆ 大舍才能大得原则

所谓的大舍大得就是中小企业必须敢于抛弃过去的机会导向，重视战略的导向作用，从而明确企业未来的发展方向，做出适当的取舍。在进行战略取舍时，首先应该确定一定不做什么，然后避开这一点确定要做什么。

从机会导向来看，世界上有各种各样的商机，但是没有完成商机的能力；从欲望导向来看，每一个企业家都有各种各样的欲望，但是没有熄灭以及实现欲望的能力。不管是以哪种驱动为导向，现实的能力导向才是最终的结果。而企业要做的就是在三者之间做出取舍，然后谋定而后动。

众所周知，最大的舍得就是大舍大得，然而人们却常常忽略舍得的最高境界，即明舍暗得。因此，从本质上看，舍得是一种最理性的智慧，看破之后再放下才能更彻底。看破就是能清楚地明白和知道，放下是指最后的想法与行为能达成一致，这样的“舍”才能真正实现大彻大悟，从而获得一种智慧上的升华。

战略上的舍得观也是一种因果观，只有战略上的舍，才能获得最终目标的果。这种战略的舍得观还将倒逼企业回归事物的本源，清除所有的困扰，从而实现从无到有的过程。**归零：思考问题；归一：专注于单一价值方向竞争优势的构建；归位：实现战略再造。**

有一位电商资深专家成立了一家囊括了电商服务产业链的公司，为企业提供电商顾问、培训以及运营等服务，刚开始业务发展速度非常快，而且商业模式也正在朝着越来越成熟的方向发展。

然而好景不长，半年之后，公司开始遭遇资金流断裂的问题。经过一番深刻的思考以及检讨之后，公司决定采用归核战略，从多元化经营转向核心经营，将业务重点锁定在面向传统企业以及企业家的电商培训领域。聚焦之后的培训业务也获得了不错的成绩，并且开始朝着愈发蓬勃的趋势发展。

实践中，这样的案例不胜枚举。透过这个案例也反映出一个理论：企业要想在战略上寻求根本性突破，必须集中注意力于一点，从点到面，从而逐渐实现企业的繁荣。

◆ 大赌才能大赢原则

所谓的大赌才能大赢，是指在确定了明确的方向之后，只有集中优势资源于一点，才能取得最后的胜利。不管是多元化战略还是专业化战略，始终摆脱不了聚焦的问题。在战略聚焦面前，企业要做的就是坚持、不断地努力和投入，逐渐形成和强化差异化的核心优势，从而保证战略的切实有效执行，构建企业的竞争优势。没有投入和不敢投入的结果就是离成功越来越远。

所有的战略都可以称得上是一场赌博，因此，在战略实施的关键点上，企业必须一次性实现最大投入，保证战略执行的成功率，从而用成功后超过预期的结果冲抵前期的高投入。

一个成功的战略往往刚开始并不被人看好，因此战略的实施也就有了一丝赌博的意味，而准确的判断以及果敢的承担风险是一位成功的战略家应该具备的基本素质。企业家敢于集中优势兵力“大赌”已经成为了企业走向世界一流企业的必经之路。“赌”不一定会成功，但是连“赌”的勇气都没有的人必然是一个没有能力触碰成功的人。

◆ 大拙才能大巧原则

所谓的大拙才能大巧是指企业不管在任何战略上实现重大的突破，都应该有一个扎实的管理基础做后盾。管理越扎实，战略才能具备更高的灵活性。尽管中国企业在过去十几年的时间里业绩突飞猛进，但是这些只是停留在营销层面上，真正在管理和战略上实现长足进步的企业寥寥无几。因此，企业在未来发展过程中要实现的目标就是在战略、管理以及资本层面上实现全面提升。

过去在环境利好的条件下，企业只需要使用“四两拨千斤”的巧劲就能实现快速发展，而未来企业要想实现长远发展就需要将更多的注意力放在管理基础的构建以及战略能力的提升上。

一个好的战略不可能立竿见影，要在持续不断的努力之下才能日益凸显出优势，而战略执行难就难在贯彻和坚持。企业内部与战略相适应的系统管理能力是贯彻和坚持的基础，然而这种系统管理能力也不是一朝一夕就可以培养起来的，同样也需要坚持不懈的毅力。

有一家农牧集团，在电子商务盛行之际，成为了电商大军中的一员，为一线城市的互联网用户提供厨房一站式的在线购物服务，但是最后却成为了电商领域的牺牲品。之后，公司对失败的原因进行了认真分析，发现导致失败的因素并不是公司的股东结构、战略规划和商业模式设计，而是因为管理团队缺少了互联网思维，无法使用互联网公司自下而上的管理模式来管理员工和客户的关系，而自上而下的管理模式又无法适应员工交易结构的需求。

未来，企业的管理模式将发生巨大的变革，上级对下级的管理属性将变成服务属性，集权式管理模式也将被分布式管理模式取而代之。

3.1.3 企业的组织能力再造

一家企业组织要想获得成功，不仅需要其拥有优秀的发展战略，而且需要企业强大的组织能力。在制定正确的发展战略的基础上，企业组织需要有足够的能力确保战略能够被有效执行。而目前中国企业的发展却出现了 2 个特殊的现象。

★ 许多行业的发展事实告诉我们，一家拥有强大组织能力的企业，即使缺乏战略也能获得丰厚的回报；

★ 一个个企业失败的案例告诉我们，那些制定了正确的发展战略却没有强大组织能力的企业在逐渐走向失败。

这也反映出了国内的企业在发展过程中很难在组织能力及战略方面实现平衡。在中国市场的特定环境中，依靠强大的组织能力似乎就可以获得巨大的成功。事实上，这种在国内市场普遍存在的现象，在西方发达国家中却鲜有耳闻。

◆ 企业组织能力再造的 2 个角度

企业的组织能力可以从 2 个角度来进行考量，如图 3-2 所示。

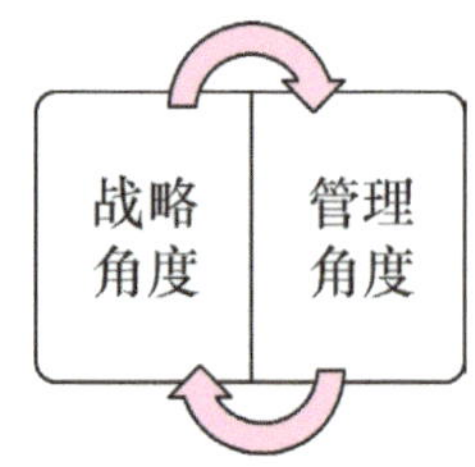

图 3-2　企业组织能力再造的 2 个角度

（1）战略角度

组织能力是企业在细节、系统及战略三种要素重新组合的基础上建立企业的核心竞争力。也就是说，如果一家企业拥有正确的战略方向，由细节决定的执行效果将直接影响企业的成败；当企业不存在细节问题时，决定企业长期发展的战略将直接影响企业的成败；当企业的战略与细节都不存在问题时，决定企业运营状态的组织系统直接影响企业的成败。

（2）管理角度

组织能力是以企业文化为核心来进行员工技能、职业思维和考核管理 3 个方面的系统建设的。员工的培养应该是遵循先找到符合企业发展的人才，然后再对其进行培养的发展思路。如果没招到正确的人，即使有再完善的培训制度也不会取得预期效果。

在实践过程中企业可以尝试运用以下发展思路来培养优秀的人才。

★ 要培养企业所需要的组织能力，企业需要什么样的人才，这些人才又应该具备哪些技能与特征？

★ 企业是否拥有这种人才，如果没有，在哪些方面存在差距？

★ 企业应该如何吸引、培养和留住所需的人才以及淘汰不合格的员工？

职业思维强调企业家应该明白企业的员工需要什么样的职业思维，以及如何培养员工的这种职业思维。考核管理则是要在实现员工技能与职业思维重塑的基础上，通过一定的管理手段使员工拥有其岗位职责所需要的工作职能。

◆ 企业组织能力再造的 3 个关键指标

衡量企业的组织能力主要包括 3 个关键指标，如图 3-3 所示。

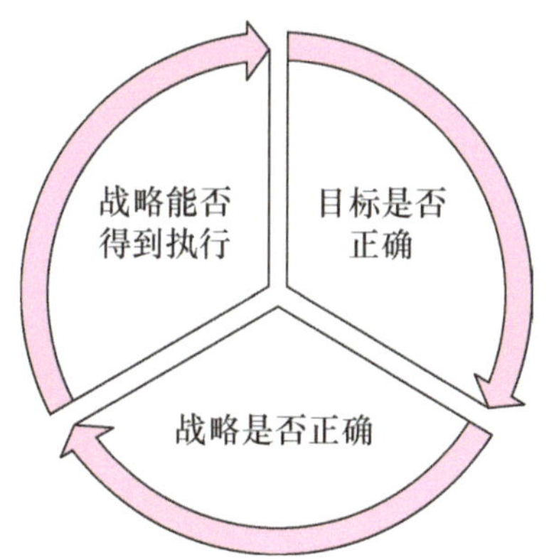

图 3-3　企业组织能力再造的 3 个关键指标

★ 目标是否正确，企业家的人生战略目标很容易影响组织的战略目标，一旦企业家个人目标出现问题将直接影响整个企业组织；

★ 战略是否正确，战略决定了企业发展的方向，对企业未来的发展结果有重大的影响；

★ 战略能否得到执行，战略的执行需要人才、资金和时间等多种资源的有效匹配来保证其执行结果。

（1）目标是否正确

目标是否正确，主要涉及以下 4 个方面。

- ★ 企业家对自己的人生定位；
- ★ 企业家在自己人生定位的基础上对企业的未来有什么样的打算；
- ★ 企业家对企业的发展规模及发展潜力的判断标准是怎样的；
- ★ 企业家的风险容忍度及风险偏好。

前两点值得我们格外注意，一位企业家只有对自己有正确的人生定位，并找到属于自己的活法时，企业的发展策略才会十分清晰。

企业家的活法可以分为 3 个层次，从低到高为自我活法、小我活法、无我活法，不同的层次也对应了企业不同的发展方式。事实上，企业的生命历程与企业家生命层次提升的过程十分相似，人的生命层次实现了从自我到无我的转变，也对应着企业从个体企业到社会企业的升华。

一位企业家创业的动机有可能是为了真正做一番事业，也有可能只是为了赚钱。对于以赚钱为动机的企业家来说，其更为关注的可能是眼前的利益。而想要成就一番事业的企业家，可能更倾向于关注企业长期的发展。这两种不同的动机将直接导致企业在初期商业模式的设计上存在巨大的差异。

（2）战略是否正确

战略是否正确，主要从以下几个方面考量。

- ★ 清晰的业务发展模式；
- ★ 核心竞争力的建立；
- ★ 能否保持企业业绩的持续增长；
- ★ 能够保持较高的利润增长率。

企业需要明确自己的经营范围，相对于企业拓宽自己的业务而言，明确什么不能做甚至比要做什么更难以确定。从人的本质来说，要想在暴利与机会主义面前坚守自己的底线，更多的是依靠人性而不是各种防范手段。

从某种角度上，企业的发展战略也可以这样理解：**在有效控制人的欲望膨胀与贪婪的前提下，从人性的角度出发，明确企业在未来应该如何发展，根据企业未来的发展目标对当下的运营进行重新布局。**

在核心竞争优势的建立方面，如果考虑其他企业的同质化竞争，建立以人才为核心的组织结构将是唯一可以确立的竞争优势。

可持续发展则表明了企业如何运用资源来确保自己在市场中对用户需求的持续满足。较高的利润增长率与企业的客户资源有较大的关联。一个企业的战略一定是建立在客户之上，也就是说企业要从客户的角度去思考用户需求、处理产品问题和进行科学决策等。

在很多情况下，衡量一个企业的发展状况及未来的发展潜力，更多的是借助企业的客户数据报表及这家公司近年来的客户数据变化报表，而不是大多数企业所采用的财务报表。

（3）战略能否得到执行

战略能否得到执行，主要看 3 个方面。

- ★ 企业资源的重新配置及整合；
- ★ 企业家在企业发展过程中的角色定位；
- ★ 企业的组织结构。

企业资源的重新配置及整合最为关键的是如何在整合过程中保持稳定的结构性。其中，股东结构是形成良好管理团队的重要基础。优秀的股东结构能处理好企业现在及未来的战略需求。一般来说，企业的股东结构可以从短期、中期及长期 3 个阶段来进行设计：**短期是通过整合企业产业链上的股东，从而有效降低运营成本；中期是通过整合生态圈中的股东实现协同发展；长期则是通过发展创新能力强**

的企业中的股东来形成战略屏障。

例如，一家国内的户外运动服装企业，在尚未首次公开募股之前可以尝试进行以下几方面的整合。

★ 整合产业链中的一家布料供应商，从而有效降低企业短期的生产成本；

★ 整合生态圈中具有较强品牌影响力的企业，从而在市场中获得更多用户的认可；

★ 整合在战略方面创新能力强的企业。例如，选择与京东、苏宁这种互联网巨头进行合作，可以为企业未来的发展打下坚实的基础。

3.1.4 企业家的思维模式再造

在战略维度上对中国的企业家进行归类，可以将其分为两种类型：其一是产品经营者，他们发展企业是建立在清晰的市场需求和产品之上；其二是机会经营者，他们善于抓住市场机遇果断出手，通过有效整合资源，从而实现企业规模的快速扩大。

现阶段遭遇发展困境的企业，绝大部分是机会经营者领导的企业。发生这种情况，并不是因为这些企业缺乏发展机遇或者发展战略，而是因为这些企业经营者缺乏战略思维。这种战略思维是一种从大局观进行思考的思维习惯，在激烈变革的互联网时代，其对企业的发展具有十分关键的作用。

要培养优秀的战略思维，需要为企业树立一种全新的商业价值观。未来企业家有两大问题需要解决：一种是较为完善的知识储备，这能通过类似商学院的教育机构得到有效解决；另一种是新型价值观的培养，这需要借助传统文化对企业家进行思维再造，从而帮助企业家们更清晰地了解自我、净化自我和完善自我。

造就两家世界五百强企业的日本“经营之圣”稻盛和夫是中国企业家学习的榜样，他提倡的“敬天爱人”成为许多企业家一生不断追求的境界。

“敬天”强调尊重宇宙自然规律，企业在经营过程中要善于总结并发现事物的规律；“爱人”可以将其理解为所有的商业成功都建立在为他人创造价值的基础之上。稻盛和夫曾经表示：“无论一个人取得了多大的成就，当其生命结束时，所有的一切外物只能留在世上，唯有心灵才会跟随你进入下一段旅程。人的一生不是一场追求物质的盛宴，而是一次灵魂的考验。人们在进行决策之时，并非是完全依赖于才智。”

事实上，我们绝大多数情况下都是在使用才智进行决策，但是真正发挥作用的可能是心灵的状态。这个状态到底是利他还是利己，可能对最终的结果产生非常重大的影响。站在为他人创造价值的角度上，往往能看到问题的关键，从而减少决策上的失误；当站在自己的角度时，往往更关注个人利益，很容易导致严重的错误。

企业家思维模式的重塑基于对传统文化的认知，它可以帮助企业家实现从“我”到“我们”然后到“无我”3 个境界的转变。企业家的思维重塑将直接影响企业的经营思路，从而使企业实现从个人企业到社会企业的战略转变。

3.2 价值链再造：构建企业、员工与客户的利益共同体

3.2.1 实现企业、员工与客户的利益统一

知识经济时代下，员工的知识、能力和素养越来越成为企业构建核心竞争力的关键要素。同时，在当前的消费社会中，谁能有效满足消费者需求、吸引和黏住客

户，谁就能在市场竞争中占据主动。因此，“客户第一 VS 员工第一”成为众多企业不得不慎重考虑的问题。

从当前国内企业来看，大多数国有企业和民营企业分别处在了上述关系的两极：国有企业多青睐员工第一的准则，民营企业则大多奉行客户第一的理念。不过，一个明显的事实是，不论是以员工第一还是以客户第一的企业，在某些市场环境下都会生存得很好，而在另一些市场情境下却会步入发展的困境。

因此，员工和客户的优先性问题其实是无法泛泛讨论的，而是有着各自的适用条件和环境。一家真正的优秀企业必须能够维持好两者的平衡，并根据市场环境和发展需求有所偏重。

根据核心竞争力的建构方式，可以将企业划分为 5 种类型：成本领先型、产品领先型、营销领先型、资源领先型和综合能力型，如图 3-4 所示。

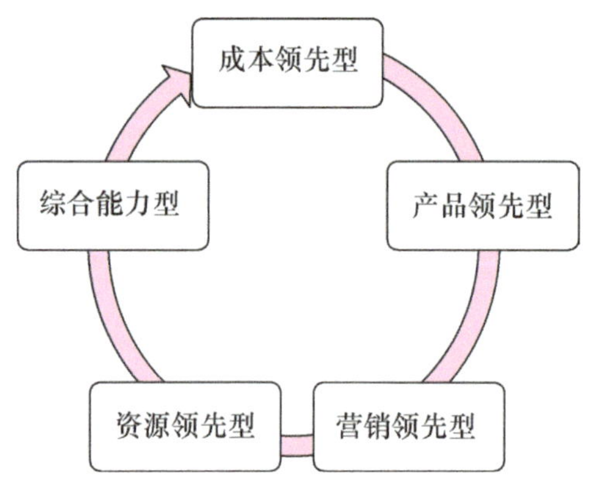

图 3-4　企业的 5 种类型

★ 成本领先型企业：虽然会为了打造和维持成本优势而损害员工的部分利益，但也不会刻意去讨好客户，因为其巨大的价格优势是吸引客户的最大砝码。

★ 产品领先型企业：企业中的一切活动以产品研发、设计和生产为主，不仅注重员工创造力和生产效能的发挥，而且尽可能兼顾客户的需求。

★ 营销领先型企业：一般会对紧贴市场和消费者的部分一线员工采取员工第一的原则，不过其核心理念仍是以客户为中心，奉行客户第一。

★ 资源领先型企业：由于占有或垄断了市场中的特殊资源而不需取悦客户，只需实现高效的员工管理和正常的企业运转就能获得很好的生存发展，因此这类企业多秉承员工第一的理念。

★ 综合能力型企业：由于需要建构企业的全面能力，会十分注重员工知识和技能等方面的培养，因此秉承的是员工第一的理念。

一个愈发明显的趋势是，随着外部商业环境的复杂多变和竞争压力的不断增大，越来越多的企业开始遵循员工第一的运营理念，增强自身综合能力，以更有效地应对内外部环境的挑战，实现可持续发展。不过，“员工第一”并不是一句简单的口号，其顺利落地还需要实现企业、员工和客户利益的和谐与平衡，打造“企业—员工—客户”价值链。

3.2.2 如何打造企业到员工的价值链

在“企业—员工—客户”价值链中，**企业到员工的价值链是指企业借助管理、资源、机制和文化等方面的支持，帮助员工学习更加符合企业发展的新的理念、知识和技能，从而实现员工的不断成长，并通过员工群体所创造的无形资源满足企业可持续发展的需要。**

因此，从企业到员工的价值链是企业与员工相互作用和交相增值的过程，并通过彼此间的“化学反应”实现企业内部生态系统更加优化高效的运行。

一般而言，企业可以从以下3个方面构建企业到员工的价值链，如图3-5所示。

员工生存层面

- 担负起教育和培养员工的责任，帮助员工养成健康的生活和工作态度

员工发展层面

- 为员工打造完善的个人发展平台，并建立学习型的组织

员工精神追求层面

- 使命、远景和价值观的认同与践行

图 3-5　企业到员工的价值链构建的 3 个方面

◆ 担负起教育和培养员工的责任，帮助员工养成健康的生活和工作态度

不论规模和管理方式如何，在员工离开学校进入企业之后对他们进行继续教育和培养都是企业不可回避的社会责任，也是企业占有员工青春、获得他们的创造性与价值应付的“成本”。特别是在当今职业流动频繁的情况下，企业更应该培养出员工赖以生存的职业化能力。唯有如此，员工才能建构出内在的可持续性的生存能力，获得生活的保障。

同时，在社会环境日新月异和商业变革层出不穷的今天，企业需要塑造一种有利于变革创新的文化，以有效应对新的市场挑战，而这显然对员工提出了更高的要求。因此，在面对越来越大的生活和工作压力时，企业有责任引导和帮助员工树立一种积极、健康的生活和工作态度，直面压力、勇于挑战，从而使员工形成一种更加成熟、更加强大的心智品质，增强他们在生活工作中的幸福感。

企业真正完成了对员工的教育和培养责任时，企业与员工之间便构建了彼此信任和合作共赢的基础。

◆ 为员工打造完善的个人发展平台，并建立学习型的组织

“天生我材必有用”，每个人都有其独特的价值。特别是在现代企业中，员工间的差别已经超越了传统人才与非人才的区分，转变成当下人才与未来人才和此岗位人才与彼岗位人才的区分。因此，建立从企业到员工的价值链，需要企业为员工打造一个完善的个人发展平台，并在企业内部构建出学习型组织，以更好地帮助员工成长发展，充分挖掘出员工的潜能，实现人尽其才。

在完善的个人发展平台中，不能是一个或一些人能够获得发展，而是任何想要实现自我成长的员工都能在这个平台中找到发展的机会。企业内部学习型组织的建立，有利于形成一种团体压力，促进每一个员工主动在发展平台上学习和成长，从而形成一种学习创新的内部文化氛围和机制。因此，发展平台和学习型组织是紧密联系并相互促进的。

具体来看，**完善的个人发展平台主要包括职业发展规划、人才培养体系、用人机制和管理体系等内容。**其中，标准化和规范化的管理体系是个人发展的环境保障，科学和合理的用人机制是员工成长的规则保障，人才培养体系为员工成长提供资源支持，职业发展规划则为个人发展提供路径引导。

因此，从更为实质的层面来看，完善的个人发展平台离不开企业本身的良性运行和高效发展：**只有企业自身顺利实现了发展，才能真正为每个员工提供更加广阔的学习成长空间；**相反，若企业本身生存困难，无法成长，那么打造完善的个人发展平台就只能是一句空话。

学习型组织的构建已经成为国内多数企业的共识，被认为是有效适应快速变化的互联网商业环境的重要手段。不过，成功的学习型组织不仅要引导团队成员学习，而且要塑造一个有利于创新的文化氛围，从而真正发挥出学习型组织的创新创造作用。

当员工在完善的个人发展平台和学习型组织的帮助下成功培育出应对外部环境

变化和挑战的思维与能力时，企业自身也就构建了更能适应新时代环境的强大发展能力。

◆ 使命、远景和价值观的认同与践行

使命感是促使员工认清和承担职业责任、保证发展方向和实现自我超越的重要因素；企业远景能够帮助员工建立使命感、看到发展目标和实际状况的差距，从而产生一种激励效应；价值观则有利于员工形成对企业和工作的归属感与认同感，使员工将自身的工作视为一项崇高的事业和使命。

当前很多国内企业并没有建立起自身明确的使命、远景和价值观，或者仅仅将它们视作一种表面文章。然而，使命、远景和价值观绝非一个简单的口号，而是企业中每一个员工的精神家园，是将具有不同情感、个性和特质的员工凝聚起来创造价值的重要力量，也是员工获得归属感和成就感的源泉。一个对企业使命、远景和价值观有着高度认同的员工，必然能为企业创造更大的价值。

因此，使命、远景和价值观的认同和践行，不仅能够帮助员工获得更大的成就感和归属感，而且能够极大地增强企业的内部凝聚力和持续战斗力。

3.2.3 如何打造员工到客户的价值链

企业到员工价值链的 3 个方面在有效解决员工生存、发展和精神追求三大层次问题的同时，也帮助企业获得了职业化和专业化的员工，这成为企业为客户创造价值的最重要的保障。因此，“员工第一”其实就是企业首先帮助员工处理好生存、发展和追求问题，并在此过程中获得职业化和专业化的员工队伍，从而为员工到客户价值链的构建奠定坚实的基础。

根据行业市场、客户群体和商业模式等因素的差异，员工到客户价值链的打造需要企业做好 3 个方面的工作，如图 3-6 所示。

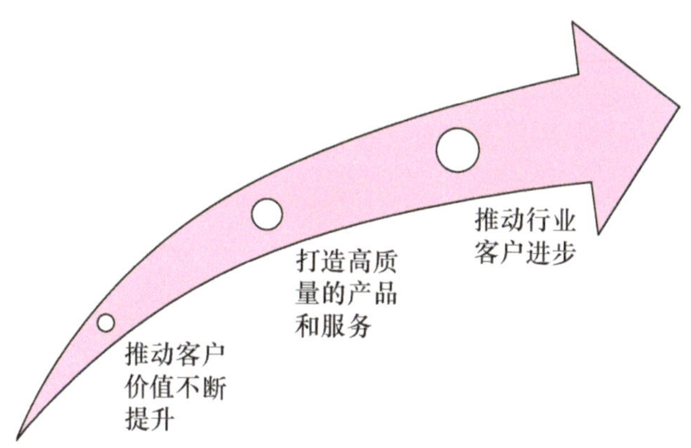

图 3-6　员工到客户的价值链构建的 3 个方面

◆ 推动客户价值不断提升

在竞争日益激烈的现代消费市场中，企业只有不断为客户带来“惊喜”和不断为客户创造超出预期的价值，才能吸引和黏住更多的客户，在市场中获得一席之地。因此，企业要充分发挥职业化和专业化的员工能力，不断提升客户价值，从而获得市场的青睐，实现自身的成长和发展。

其实，任何企业都能够在某个时间段实现客户价值的提升，关键是如何将这种状态长久维持下去。特别是在行业竞争愈发激烈和盈利空间不断压缩的情况下，客户价值的提升更加难以实现，很多企业都将目光转向了其他领域，以实现自身的持续发展。

不过，这显然无法从根本上解决问题。企业应该从内部寻找发展突破的切入点，积极利用最新的思维与技术，进行商业模式和管理流程等方面的再造，建立起推动客户价值不断提升的能力。

众多实践经验表明，企业秉承员工第一的理念，能够极大地增强员工对企业和工作的认同感和归属感，使员工将企业的事情视作自己的事情、将企业的目标看成自己的目标，从而激发出每一个员工的创新潜能，实现推动客户价值不断提升的企业追求。

◆ 打造高质量的产品和服务

员工第一的理念使企业与员工成为了荣辱与共的命运共同体。如此，员工才会从企业整体发展的视角对待自己的工作，不断为客户提供高质量的产品和服务。当进行生产的员工能够积极主动地提高产品质量、服务客户的员工愿意不断优化自己的服务时，企业自然就能够打造出高质量的产品和服务，赢得客户青睐。

因此，秉承员工第一理念的企业，往往更容易培养出员工的共赢心态，而这种共赢心态使员工具有了全局性的长远发展眼光，能够聚焦于客户需求，不断提升产品和服务的质量与水平，最终构建出企业与客户间的强信任关系。

◆ 推动行业客户进步

员工到客户价值链的打造还需要企业能够超越客户，建立起与客户的命运共同体，并通过自身的创新变革不断推动客户甚至整个行业价值的提升，帮助客户建立起更加优秀的消费习惯，实现行业领域的普遍进步。这显然需要企业具备高度的使命感和愿意为之付出的员工队伍。

阿里巴巴就是以“让天下没有难做的生意”为使命和责任，对互联网和电子商务的发展抱有虔诚和信心，最终通过不断的自我创新和技术积累，改变了国内的互联网和电子商务发展格局，提升了客户价值，推动了整个行业的发展进步。

总之，员工到客户价值链的构造需要从客户价值提升、客户关系提升和客户进步 3 个方面着手。当一家企业秉承员工第一的理念，构建好了企业到员工的价值链后，就必然能够获得职业化和专业化的员工队伍，从而提升经营效益，实现企业与员工的共赢。

3.2.4 如何打造企业到客户的价值链

移动互联网时代，产品同质化及恶性价格战在使企业之间的竞争日趋白热化的同时，更给企业及诸多行业带来了严重的负面影响。在这种背景下，许多企业管理者开始转变自己的竞争视角，为客户创造价值，构建核心竞争力被越来越多的企业所认可。

虽然客户价值的创造主体是企业，但其实现过程必须以客户为核心，需要客户参与。客户价值的实现是企业利益与消费者利益实现动态平衡的结果，它不但使消费者的个性化需求得到充分满足，也让企业从中获取了足够的收益。在实践过程中，企业为客户创造价值的方式主要包括以下几种。

◆ 创造产品价值

在强调情感共鸣与服务体验的互联网时代，虽然产品本身在影响消费决策发挥的作用有所下降，但如果产品无法满足消费者的基本需求，无论企业品牌影响力有多强、营销手段有多么高明，最终也会因广大消费者在社交媒体平台的集体声讨而走向死亡。

对企业而言，产品价值的创造不限于对用户使用功能需求的满足，它还提倡通过引入新技术有效提升产品的技术附加值。

在产品价值的创造方面，20 世纪 60 年代成立的科技巨头英特尔（Intel）无疑是典型代表。英特尔将近半个世纪的发展史是其通过对产品进行创新发展而为客户创造价值的历程。从 1971 年英特尔研发的全球首个微处理器，到 IntelX86、Inter80X86、奔腾和赛扬系列，均以极高的产品价值赢得了广大消费者的一致认可。

在产品创新的过程中，英特尔结合芯片领域最为前沿的科学技术不断对其产品进行优化及创新，引领全球微处理器市场的发展潮流，并将竞争对手远远地甩在身后，从而为其发展成为微处理器市场的龙头企业打下了坚实的基础。

◆ 创造服务价值

随着人们消费水平的大幅度提升，产品的服务体验在消费决策中发挥的作用愈发关键。在品牌林立的移动互联网时代，创造服务价值成为企业产品脱颖而出的重要因素，更为关键的是，服务价值的出现使企业可以获取更多的增量价值。

当然，服务价值建立在产品价值的基础之上。对消费者而言，其购买的首先是存在一定使用功能的产品，而服务则是对产品价值的进一步延伸。由于企业在市场中面临的同质化竞争越来越严重，而且随着制造业的不断发展，企业用于产品本身与竞争对手拉开差距的成本大幅度增长。所以，市场竞争的重心开始逐渐转移到服务价值。

服务价值在IBM崛起的过程中发挥了十分关键的作用，其提出的“IBM就是服务”的理念为其在激烈竞争的市场中赢得了足够的认可与尊重。在许多科技企业眼中，采购设备时首先想到的就是IBM，因为其不但提供优质的产品，更为客户提供优质的售前及售后服务。

IBM能为其广大客户提供多元化的服务价值。在迎合客户需求的基础上，IBM为客户提供培训服务、集成式服务、外包式服务、顾问型服务和产品相关服务等。这些服务在提升IBM客户满意度的同时，更为IBM创造了丰厚的利润。IBM公布的财报显示，服务类收入在IBM总收入中的占比达到了30%。

当然，服务价值的创造需要有科学合理的客户关系管理提供支撑，IBM对客户关系管理有着十分独到的理解。

★ 在战略维度上，IBM组建了用于进行客户关系管理的部门——全球服务部；

★ 为了提供更为优质的服务，IBM根据其产品线及目标群体的差异对其服务体系进行重构，能够为客户提供多元化及差异化的服务解决方案；

★ IBM将服务价值的创造融入企业文化中，并深刻影响着组织中的每位成员。

◆ 创造个性化价值

在强调个性的自媒体时代，消费者长期被压制的个性化需求得到了充分释放，在交易过程中，消费者总是想让企业对自己的个性化需求给予足够的重视。不难发现，那些善于满足客户个性化需求的企业在竞争中总是能够与消费者建立良好的信任关系。

由于人们职业、年龄和兴趣等诸多方面的不同，导致人们的需求往往存在着一定的差异，这决定了在客户主导的新消费时代，企业必须根据不同客户的个性化需求提供相应的个性化价值。

互联网尤其是移动互联网的全面普及，使得企业与客户之间的联系更为密切，在智能手机及社交产品的帮助下，人与人之间可以实现无缝对接。这也为企业掌握用户的个性化需求提供了一种高效率和低成本的渠道。

音乐零售商CDNow通过为客户创造个性化价值获取了丰厚的回报。1998年，CDNow推出了针对每个用户个性化需求的My CDNow站点。My CDNow根据客户的兴趣爱好和交易记录、对CD的估价等信息向消费者推荐个性化的音乐产品。此外，CDNow还鼓励客户记录下自己未来可能会购买的CD产品。公布的数据显示My CDNow站点上线后，整个CDNow网站的访问量获得了极大提升，增长率峰值突破了200%。

◆ 创造成本价值

从本质上来说，客户价值是客户获取的收益与付出成本的权衡，上述的产品价值和服务价值及个性化价值都是客户获取的收益，而付出成本则代表了客户需要损失的利益。

虽然成本在客户价值的创造中产生了负面影响，但在某种程度上，成本价值能够让企业思考客户对成本的接受程度，使企业通过制定合理的价格来有效控制客户成本，从而获取更高的客户价值。

一般来说，客户在交易过程中除了要付出资金成本外，还要承担时间与精力等方面的成本。实践中，企业帮助客户降低成本的主流方式是控制产品价格，这也是价格战如此频繁爆发的重要因素。

作为跨国零售巨头的沃尔玛把为用户创造成本价值运用到了极致，制定的“为客户节省每一美元”的 Slogan 为其在消费者心中建立了良好的企业画像。优质的产品和低廉的价格及强大的全球供应链管理体系成为零售巨头沃尔玛的代名词。

当然，降低客户的时间与精力成本也能够为用户创造成本价值。日本著名的日用品品牌花王通过在其线下店面中多方位和全角度地安装多个摄像头记录每位客户购买产品时需要耗费的时间。

花王公布的数据显示，1984 年消费者购买洗发水产品平均购物时长为 83 秒，但在进行了品类划分及产品包装的调整后，1999 年花王将客户的平均购买洗发水产品的时间降低至 47 秒，这在为用户创造成本价值的同时，也为花王建立起了强大的核心竞争力。

3.3 苏宁的战略转型：从“＋互联网”到“互联网＋”

3.3.1 进军电商：构建完善的服务生态链

2009 年 3 月，参加完两会的苏宁云商掌门人张近东将全国各个区域的高管紧急召回南京，召开了一场持续三天的内部会议。此次会议在苏宁的发展过程中具有十分重要的意义，是苏宁整个企业发展史中的重要转折点，作为一家传统零售商的苏宁由此拉开了转型电商的时代序幕。如今的苏宁搭乘着“互联网＋”快车在电商领域一路高歌猛进，成为中国电商市场的一块重要拼图。

从最初的“+ 互联网”到如今的“互联网 +”，苏宁耗费了整整 7 年的时间。进入 2016 年后，苏宁在电商领域开始全面发力。2016 年 5 月，苏宁发布了其 2016 年度农村电商战略，要与阿里和京东等电商巨头在农村市场展开新一轮角逐。对于国内诸多面临转型的传统企业而言，回顾苏宁的转型之路，无疑能为其提供许多重要的借鉴意义。

事实上，2009 年以前，苏宁的线下业务发展十分迅速。当时国内的电商产业正处于起步阶段，但苏宁面对着电商这个新兴市场，也在思考未来到底应该走什么样的发展道路。从现在来看，苏宁切入电商市场选择的是从互联网零售过渡到 O2O，从“+ 互联网”转型为“互联网 +”。

早在刚迈入 21 世纪时，在传统零售行业拥有绝对领先优势的苏宁就已经开始尝试进军电商市场，但最终在经过市场调查后发现，国内的互联网普及水平、配套物流及仓储等基础设施、用户的消费习惯等还不足以支撑起较大规模的电商市场，最终苏宁没有选择盲目进入。

此后，随着阿里和京东等电商企业的快速发展，以苏宁为代表的传统零售商们逐渐开始感受到这种新兴商业模式所带来的强大影响力，许多传统商业思维已经不再适用。这一感受在 2008 年北京奥运会期间大量的国际理念涌入国内时，显得格外强烈。

2009 年，国内的电商市场环境已经发生巨大改变。工业和信息化部发布的数据显示，截止到 2009 年年底，我国的互联网用户规模达到 3.84 亿人，移动互联网用户为 2.33 亿人，二者同比增长率分别为 28.9% 与 98.5%。

2009 年，苏宁的线下业务同样达到了顶峰，其以覆盖全国各大城市的 941 家线下门店及 1170 亿元的销售额，在中国商业零售企业排行榜中成功登顶。覆盖全国的销售网络使苏宁得以敏锐地察觉到市场环境及用户需求的细微变化，苏宁的转型之路也由此正式开启。

互联网所产生的强大影响力使人们拥有了更多的权力与自由，而电商这种高效和便捷的购物方式凭借着其为消费者提供的极致购物体验赢得了海量消费者的一致认可。在电商面前，以服装、化妆品和电子产品为代表的传统线下零售企业遭受了严重冲击。在这种剧烈的变革面前，以市场用户需求为导向的苏宁选择积极面对，在电商领域进行了一系列布局。

在苏宁看来，在以资源驱动为主的传统零售年代中，大规模价值的创造需要在资金、人力和线下门店等方面投入大量资源。而在互联网崛起的电商时代，企业要真正崛起需要高度整合供应链，更好地对接用户需求，价值的创造通过构建完善的服务生态链，在闭环生态中创造更多的消费场景，提供更多的增值服务，从而使自身在激烈的市场竞争中长期保持领先优势。

3.3.2 IT 建设：苏宁战略转型的关键布局

在转型电商的过程中，苏宁最开始的工作重点是“+互联网”。事实上，传统企业向现代企业的转变必然要经历“+互联网”阶段，最初可能仅是在某一个创建的部门，然后逐渐扩展到整个组织，接着再向外部延伸。

对苏宁而言，实施“+互联网”战略是要打造平台型企业，但对许多传统企业而言并非如此，因为苏宁的起点较高。无论是在资金、技术，还是在人才方面，苏宁都具有领先优势。

IT 建设则是苏宁转型过程中的关键布局。PC 端、移动端、大数据和云计算等需要 IT 技术提供重要支撑。虽然苏宁的前身是一家传统零售企业，但其对 IT 建设层面上的投入力度并不弱于互联网企业。

苏宁在互联网方面有着良好的技术基础，在未进入 21 世纪之前，苏宁内部的技术人才就根据自身的发展需求研发出了定制化的 ERP 信息化系统，当时这对于许多国内的传统零售商而言是很难想象的。实现电商化首先要做的就是实现信息化，而且信息化过程中所积累的技术基础也为苏宁的发展打下了坚实的基础。

从本质上来看，零售行业的重点是更好地促进商品流通，企业转型互联网后，不仅商品流通效率得到进一步提升，消费者的个性化需求也得到了充分满足。在传统企业的商业逻辑中，其服务的消费者是一个群体性目标。但在互联网、大数据和云计算等技术的支撑下，每一个消费者的个性化需求都能被企业掌握；在企业创造的消费场景中，人们长期被压制的个性化需求得以充分释放。

以前，企业员工需要面对面地为消费者服务，而在今天，电商企业通过打造出的开放性的互联网平台就可以为消费者提供全方位服务，即便是员工不与消费者直接接触，也能够在交易、支付、物流和售后等环节中感受到企业所提供的优质服务。苏宁在转型过程中遇到过迷茫，遭受了许多外界的质疑，也曾被许多投融资机构拒之门外，但苏宁在 IT 建设方面投入的诸多资源使其成功完成了转型。

3.3.3 线下互联网化：“互联网 + 零售”战略的确立

2014 年年初，苏宁的“互联网 + 零售”战略正式开始实施。一方面，苏宁借助自身积累的 IT 技术，通过互联网实现对线下业务及资源的优化及整合；另一方面，苏宁以用户需求为核心，开发出更多的消费场景及增值服务，打造线上与线下结合的 O2O 生态系统。这使得苏宁实现了全面互联网化，消费者的购物需求得到了极大程度上的满足。

在转型过程中，推进线下互联网化成为苏宁未来发展战略的重要一环。虽然许多人表示，在技术发展到一定阶段后，企业之间在线上环节的差异会趋于消失，未来企业角逐的重点还要回到线下环节中来，但这里所提到的线下环节绝非是目前的传统零售企业所能提供的。业内人士指出，未来绝大多数的传统零售企业都会被迫转型或死掉。

为了在未来激烈的市场竞争中抢占战略制高点，苏宁以其覆盖全国的 1600 多家线下门店为切入点，打通线上及线下连接的各个环节。统计机构发布的数据显示，在 2015 年“双 11”购物狂欢节中，苏宁订单同比增长高达 358%，线下同比增长高达 153%，与以万达为代表的传统零售企业大面积关停线下门店的状况形成了强烈反差。

2015 年“双 11”当天，大量苏宁线下门店推出“0 点试营业”活动。据统计，有 30 家苏宁易购云店在凌晨 0 点至 1 点之间客流量高达 10 万人次。而在四线及五线城市的市场中，有超过 1000 家苏宁易购服务站仅用 1 小时就销售了 4.8 万台 50 英寸的智能彩电。

事实上，苏宁在“双 11”期间所取得的成绩仅是其线下互联网策略所展现出的发展成果的冰山一角。在实现线下互联网化的过程中，更加注重线下体验的苏宁在使消费者的个性化需求得到满足的同时，也通过更高品质的增值服务在消费者心中建立了良好的企业画像。

未来，线下环节对于企业发展将产生极其重要的影响。在经济发展及人均消费水平不断增长的趋势下，未来的消费主体将会是一群追求更高品质的客户，他们提倡个性消费、情感消费、品牌消费及品质消费，此时，线下环节将成为这些消费场景得以落地的重要基础。

苏宁从“+ 互联网”到“互联网 +”的转型，在使其从传统零售企业转变成为一家互联网企业的同时，也对国内零售行业的商业环境产生了深远影响。

苏宁未来的战略目标是成为一家能够提供全产业链服务的互联网零售企业，打破线上及线下、组织内部与外部各个环节的阻碍，使苏宁成为一家社会企业及国际企业，在国际舞台上展现中国企业风采。为了进一步加快互联网化进程，目前苏宁正在尝试向外界开放物流、金融及数据等方面的资源，与众多的合作伙伴一起为消费者提供更为优质和更为全面的服务。

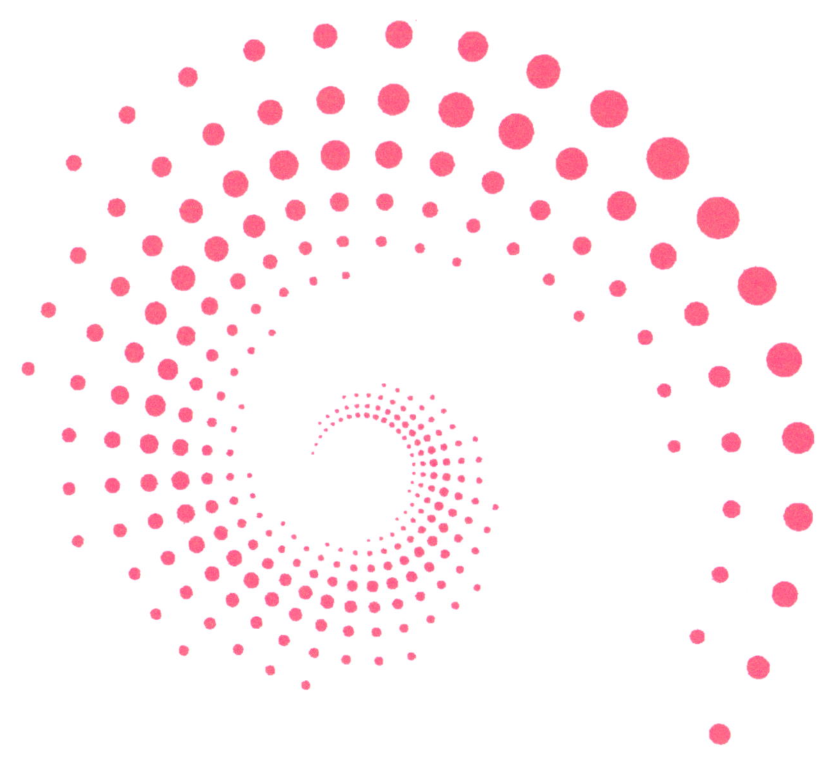

第4章

竞争战略再造：

红海时代，重塑市场主导地位

4.1 产品定位：消费者主权时代的产品运营策略

4.1.1 逆向定位：市场细分，满足新市场需求

买方时代，企业市场拓展的一个关键瓶颈是产品的同质化和过度竞争。虽然产品创新是化解同质化竞争的有效方式，但进行实质性的产品创新已经变得愈发困难，这在很多资金和科研能力较弱的本土企业身上表现的更加明显。因此，如何在不做产品技术性创新的前提下化解痛点和增强市场竞争力，就成为本土企业关注和探索的重要内容。产品再定位作为一种实效和低成本的创新策略，为企业提供了新思路。

产品定位包含2个方面：**一是产品定位要符合市场定位，如此才能满足目标消费者需求，获取商业价值；二是产品要有独特卖点，以与其他产品区别开来，建立竞争优势。**同时，竞争优势的打造主要是通过技术创新对产品进行优化完善，实现与其他产品的区隔。与此不同，产品再定位是在不对产品进行实质性创新的情况下，

通过重新细分和定位目标消费群体或竞争者，使企业摆脱产品同质化的窘境，成为竞争的主导者和引入者。

产品再定位的路径很多、涉及的范围也很广，比较常见的策略有产品逆向定位、分离定位和关联定位 3 种，如图 4-1 所示。下面，我们首先来探讨一下产品的逆向定位策略。

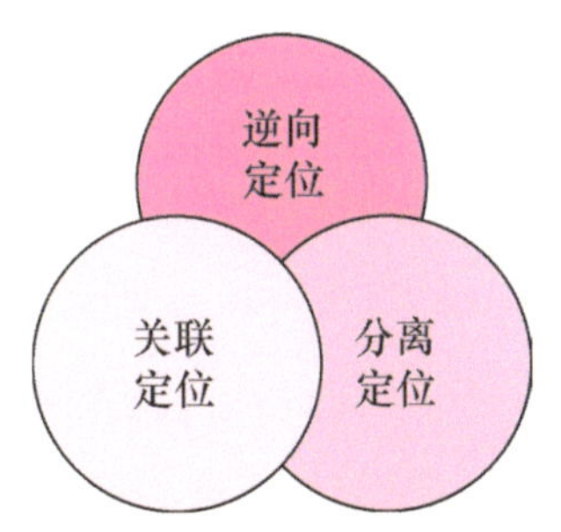

图 4-1　产品再定位战略的三大策略

作为全球最大的家居用品零售商家，宜家集团（IKEA）在营销创新和增长速度方面常被人们津津乐道。宜家的成功得益于多种因素。如对消费者口碑传播的高度重视，“为老百姓提供品类繁多、美观实用和价格低廉的家居用品”的经营理念，等等。

从产品竞争的角度来看，宜家能够取得出色业绩的关键在于其通过与众不同的逆向定位策略，创造了一个全新的细分市场，从而有效规避了家具市场同质化竞争的泥潭。

在激烈比拼的家具市场中，很多家具零售商通过从产品到服务等多个方面的优化创新来吸引客户：宜家店内不仅存有种类繁多的家具以满足不同消费者的多元化和个性化需求，还不断创新服务，以优化客户的消费体验。例如，雇佣大量促销人员为客户推荐家具和测量尺寸，为购买新家具的客户提供送货上门服务，甚至帮助客户转移运送淘汰的旧家具。同时，多数家具零销商都在向消费者灌输这样一种理念——真正的好家具应该兼具实用性和美观性。

然而，宜家的策略显然与多数商家不同：店内没有紧随顾客的促销人员，而是为客户提供一次性卷尺，让顾客自己动手测量家具大小；品类似乎也并没有那么多的花哨，仅有几种基本款式的家具；客户需要自己组装和搬运沉重的家具；同时，宜家还宣扬家具应该经常更换的理念。

宜家这种与行业传统竞争规则迥然不同的逆向定位战略，使其与大部分中档、低档家具仓储店和大型购物中心区别开来，冲出了同质化竞争的“梦魇”，通过创造一个全新的细分市场建构了自身的独特卖点和竞争优势，从而能够在白热化的家具市场竞争中保持快速发展，取得令业界瞩目的成绩。

具体来看，宜家在坚持最基本价值理念的情况下，将目标群体更加细分定位为都市中的年轻群体，致力于为他们提供低价和时尚的家居家具用品。为了让这些目标客户获得更优质的家具购买体验，宜家在其他家具零售商忽略的店铺环境和附加服务上下足了工夫。

轻快和极具现代感的门店装潢风格，有效吸引了都市年轻人的目光；为方便带小孩的顾客，店内专门设置了漂亮的日托所；店中还有干净优雅的餐厅，可为客户提供午餐服务。同时，客户不仅可以在店内购买家具，还能买到家用器皿和精巧玩具，从而避免了在多个门店来回奔波的麻烦。

通过这种细分目标市场的逆向定位，宜家为客户提供了更精准优质的服务，形成了独特的竞争优势，成为家具市场竞争的主导者，取得了不俗战绩。

进行同质产品竞争的企业，常常会极力进行产品功能和价值方面的创新，以构建自身产品的竞争优势，赢得客户青睐。这种现象不仅存在于零售与服务行业，一些制造业中也是如此。以手机行业为例。当前手机产品的发展趋势是从单一的语音通话和短信功能发展为集收音机、拍照和音乐视频播放等多种功能于一体的综合性平台。

然而，随着手机市场日渐饱和以及产品的同质化，能够通过持续性的技术创新始终占据市场主动的企业十分少见。多数手机厂商，特别是资金和技术能力都相对较弱的本土企业，很难通过这种方式形成竞争优势。

逆向定位策略则为这些企业提供了产品创新的新路径：细分手机消费市场，将目标群体精准定位在老人、中小学生或者农村消费者身上。如此，就不用花费大量资源和精力进行并不擅长的智能技术创新，而是可以简化复杂的手机功能，让手机产品重新回归到最初的语音和短信功能上来，以匹配老人群体的消费特质，获得他们的青睐。

需要注意的是，逆向定位战略实质上是对产品目标群体的细化和重新定位，意味着产品使用人群的变化，因此需要企业精准把握新目标客户的行为特质和需求痛点，通过产品非实质性的创新和优化，更好地满足新市场的需求。例如，定位于老人群体的手机产品，不仅要简化功能和回归本源，而且要基于老人消费者的特质和痛点，进行与手机主流发展趋势相反的改变——将按键、屏幕、显示字体等变大，如此才能真正赢得老人客户的青睐。

4.1.2 分离定位：需求分割，开拓新产品市场

小王与未婚妻来到大型商场购买厨房用具。然而，都没有独立下厨经验的两人在各式各样的厨具面前有些无从下手。例如，仅锅类产品就包括了汤锅、炒锅、煎锅和奶锅等二三十种品类。未婚妻爱喝汤，显然需要汤锅；两人准备明年要小孩，奶锅也就必不可少……

最后，两人觉得反正厨房也不小，就选购了七八种锅，以便能够充分享受二人世界的乐趣。而双方老人在看到他们厨房中不同功能的锅后，也决定回去添置几种新品。

在消费者愈发青睐综合性一体化价值体验的时代，市场中的任何一个产品都包含着不同的价值点，以便满足不同消费者的差异性价值诉求，拓展产品目标群体范围。然而，不同消费者对同一产品中多种价值点的侧重程度显然是不同的，这就为商家进一步细分目标消费群体提供了充分空间：**对细分市场进一步细化分割，可以得到侧重不同内容的亚细分市场乃至亚亚细分市场。**

这是因为即便是同一产品的消费者，也会由于自身的独特性而对产品中的多个价值点有不同侧重。例如，有人可能对智能手机上的拍照功能有较高要求，有些可能更看重影音播放功能。从这个角度来看，同质性产品间的竞争实质上是产品中不同价值点组合的竞争，而同一产品不同形态的差别源于核心价值点的不同以及价值组合间的差异。

价值点理论拓展了企业产品创新的思路，其中一个比较有效的创新模式就是分离定位。**即将产品价值组合中的某一个价值点分离出来，通过聚焦和放大该特定价值点，打造出一个新的细分产品品类，从而更好地满足消费者对产品特定功能或价值的需求，开拓和培育新的产品市场。**

如在上述案例中，炒菜、熬汤和热奶等功能（价值点）本来是集中于一个锅上，而将这些价值点分离并放大强化后，就形成了新的品类，从而挖掘和培育了消费者的新需求。

本质上看，分离定位是对同一产品的深化和细分，是对产品中特定价值点的彰显和强化，因此能够有效激发和培育消费者的新需求，实现与竞争产品的区分，开拓新的竞争场域。另外，在消费社会中，人们的消费能力不断提升，消费需求也愈发多元化和个性化，这些都为进一步的市场细分提供了广阔空间，分离定位也因此成为企业创新产品和打造竞争优势的重要路径。

不过，与逆向定位的要求相似，分离定位也必须秉承消费时代“以人为本”的理念，精准感知和把握细分市场的需求和痛点，围绕细分目标用户群体进行产品调整和非核心技术范畴的创新，以真正优化用户消费体验，开拓和培育出新的产品市场。

4.1.3 关联定位：品类制胜，构建新竞争规则

父母总会告诫孩子不要拿食物玩耍。不过，全球营养食品工业当之无愧的领导者——美国亨氏公司，却在 2000 年推出了一种专供孩童玩耍的番茄酱，从而颠覆了这一代代相传的观念。

亨氏公司这种可供玩耍的番茄酱包括绿色、紫色、橘黄色、粉红色和深青色等多种颜色，装在可挤压的塑料瓶中，而瓶子的外形、颜色和瓶嘴设计等，也迎合了孩童的喜好和使用习惯。在产品宣传时，亨氏公司更是特意强调了这种番茄酱的“创造性”用途：孩子可以利用不同颜色的番茄酱在面包上写字或画画。

这种独特的设计理念和产品的“创新性”用途，使番茄酱成为可供孩童玩耍的食品，从而满足了孩子对食品的特殊需求。而这种可以玩耍的番茄酱也成为亨氏最成功的产品之一，帮助公司摆脱了番茄酱市场中的同质化竞争，极大刺激了消费者的需求，获得了巨大利益。例如，以往人们每次只会买一瓶番茄酱，过几个月吃完后才会买新的；现在，很多家庭都会一次性买几瓶不同颜色的番茄酱，且常常在几天之内就会吃完。

亨氏的成功引发了众多的效仿者。只是，那些推出五彩斑斓食品的公司却都没能成功。根本原因在于其并没有真正把握亨氏番茄酱成功的精髓：不是依靠标新立异的颜色，而是通过关联定位策略使番茄酱不再仅仅是一种食品，更成为一个玩具。这其实改变了竞争规则和竞争对手，使亨氏公司的番茄酱不用再像其他同类产品一样深陷于激烈的同质化竞争中。

我国本土企业也有很多通过关联定位战略实现自我突破的案例。例如，TCL 在失去先发优势的情况下，通过一款镶嵌钻石的手机成功切入竞争激烈的手机行

业。在国内手机市场中，除了基本功能，消费者越来越看重手机外观的时尚化设计。TCL 精准把握了这一消费诉求，运用关联定位策略，将镶钻石的手机打造成女性用户的一种时尚佩饰，从而赢得了众多女性消费者的青睐。

鉴于人们对更高生活品质的追求，国内指甲钳行业的第一品牌中山圣雅伦公司把以往被归为日用小五金的指甲钳重新定位为“美容工具”，并以过硬的制造工艺和精致的外观设计，受到了众多年轻女性的欢迎。同样，脑白金对礼品概念的重新定义也是一种关联定位。

另外，关联定位策略也同样可以运用到服务业领域。例如，很多大城市中的儿童玩具专卖店都开始在店内设置专供孩童玩耍的场地，并为家长提供短时间的托管服务，从而以此与其他玩具店区分开来，获得了广大家长和孩童的青睐。

如果说逆向定位和分离定位是在原有产品类别下创造新的细分品类，以此激发和培育消费者的新需求，建立竞争优势；那么关联定位策略就是冲破产品固有类别的束缚，将产品重新定位到一个与原有品类不同的新类别中，从而改变了产品的目标消费群体和竞争对手，开拓出新的产品市场。例如，购买脑白金的客户通常都不是最后的使用者；而作为美容工具的指甲钳由于价格相对昂贵，也不是传统指甲钳消费者愿意购买的。

借助关联定位策略，作为新品类的产品不仅让原有竞争者无所适从，而且也成为新品类市场的拓荒者，从而拥有了充足的时间和空间进行新市场的开拓与培育。

4.1.4　产品再定位策略需遵循的 3 个重要原则

再定位策略在不进行实质性价值创新的前提下，为产品创新提供了新思路，其本质是通过对产品类别属性的重新细化定位，创造出新的细分品类市场，激发和培育消费者的新需求，为企业开辟新的产品销售空间。而且，由于企业是这个新细分市场的拓荒者，因此常常在竞争中处于主导地位。不过，运用再定位策略进行产品创新时也需要遵循以下原则，如图 4-2 所示。

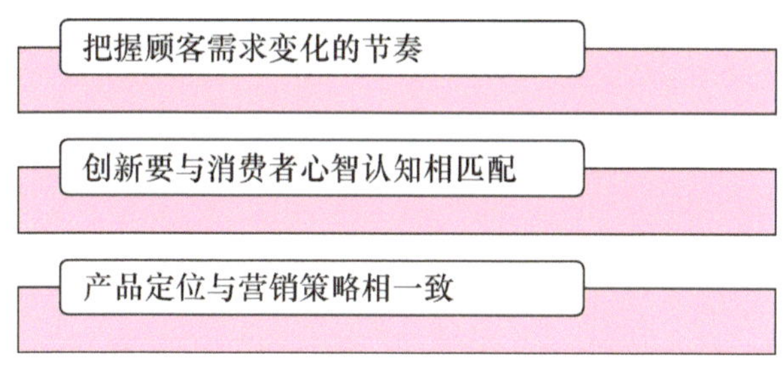

图 4-2　产品再定位战略的 3 个原则

◆ 把握顾客需求变化的节奏

在消费社会中，企业的产品创新必须围绕用户展开，以更好地满足用户需求为宗旨。因此，运用再定位策略进行产品创新并非任何时候都是可行的，必须基于整体行业发展现状和消费者的需求变化找准恰当时机。

例如，在行业发展之初，产品实质性的价值创新还有很大空间，这时的逆向定位就毫无必要，分离定位和关联定位也没多大价值；在行业成长时期，市场规模快速扩张，此时最能抓住消费者的是能为他们带来新的消费体验的产品价值创新。

行业步入成熟阶段后，市场竞争愈发激烈，产品实质性创新空间不断缩小导致同质化竞争成为常态。这时，企业就可以运用产品再定位策略创造新的细分市场，实现突围，让自己成为新市场竞争的主导者。

◆ 创新要与消费者心智认知相匹配

在竞争过度的大背景下，产品再定位创新必须紧紧围绕消费者的需求特质，使创造出的新品类能够与消费者的心智认知相匹配，如此才能真正赢得消费者的青睐，建立起竞争优势。

例如，脑白金对礼品概念的重新定义以及由此获得的巨大成功给很多厂商带来启发。然而，在白酒行业中，那些标榜礼品酒概念的产品却没有任何一个达到预期效果。究其原因，是这些打出礼品酒概念的厂商没能明白：礼品本就是人们对酒水的固有认知，而好的酒水就是茅台和五粮液等品牌。因此，礼品酒并没能重构消费者的原有认知，自然也无法开拓出新的细分市场。

又如，作为国内果蔬汁品类首创者的牵手果蔬饮品公司，其产品消费人群始终局限于部分大城市中的女性白领，一直没能实现客户群体的突破，导致产品销售业绩裹足不前。从消费者角度来看，主要是因为只有部分女性白领认为蔬菜汁具有较高的营养价值，大多数普通消费者并不认可这种低廉和难喝的饮品。

然而，养生堂却通过产品再定位策略，将果蔬汁饮品重新定义为复合果汁，从而迎合了多数消费者的认知——复合果汁的营养价值肯定高过单一果汁，以此获得巨大成功。

◆ 产品定位与营销策略相一致

再定位策略是创造一个新品类，以开拓和培育新的细分市场。在这个新品类市场中，目标消费群体的需求与原有目标市场群体的需求侧重有所不同，因此能够为企业提供新的产品创新空间。

然而，不论企业是先感知到原有目标群体中部分消费者的差异化需求而进行产品再定位，还是通过再定位策略开拓和培育出新的细分目标市场，都需要企业围绕新的目标消费群体构建相匹配的营销策略。

因为产品再定位实际上是改变了原有的目标消费群体，而新目标客户群体特质和需求的变化，使企业必须对渠道、价格、传播和促销等针对原有目标群体的营销方式进行变革重塑，只有这样才能真正发挥出产品再定位策略巨大的创新价值。

4.2 竞争定位：企业如何重新定位竞争策略

4.2.1 抢位策略：建立企业市场领先地位

在日益激烈的现代市场竞争中，企业可以从运营和战略两个层面来优化竞争状况和打造竞争优势：运营上，积极借鉴吸收优秀的运营管理思维和模式，优化企业内部运营管理形态，从而在质量、成本、速度和创新等多个维度构建竞争优势；战略上，主要是对产品、市场和对手等诸多因素进行精准明确的定位和选择，以冲出产品同质化竞争的泥潭，开拓和培育新市场，获取先发优势。

其中，战略层面的竞争性定位能够帮助企业在非核心技术性创新的情况下，挖掘和培育出产品新的用户、市场和增长点，从而有效规避同质化竞争，在日益激烈的市场比拼中占据主动。不过，企业要进行合理有效的竞争性定位，首先要对市场/客户、竞争对手以及企业自身的优劣势等方面进行精确的整体性分析，以做出准确合理的取舍。

竞争性定位既是对消费者的争夺，也是对行业地位的争夺，主要包括抢位、顺位、跨位和立位 4 种策略。下面我们首先来分析第一种竞争性定位策略——抢位策略。

抢位策略主要用于新兴或者竞争格局尚未完全建立起来的行业和市场。由于行业格局和市场处于不断变化中，因此任何市场参与者都可以通过自身努力去获取期待的行业位置。具体来看，“抢位”策略主要包括三种竞争性定位。

◆ 首席定位

首席定位又称领导者定位，是每一家公司都渴望获得的市场定位。拥有首席定位的企业多是市场的开发者和培育者，由于最先进入市场而建立了先发优势，从而能够获得最大的市场份额，成为行业领导者；有的企业虽不是市场的拓荒者，却借助多种手段后发先至，成为市场中最受欢迎的品牌，从而实现首席定位。

首席定位的案例很多，基本上每个行业领域或市场都有这样的企业。例如，百威啤酒对自己的定位是“全世界最大、最有名的美国啤酒”，IBM 将自己定位于“蓝色巨人”的角色，双汇集团则认为自己“开创了中国肉类品牌”，等等。

首席定位十分有利于品牌的形象塑造和口碑传播，能够帮助企业建立巨大的竞争优势。不过，当企业成为领导者后，还需要慎重思考如何避免在激烈的市场比拼中被后来者超越，以便能够始终保持首席定位。为此，企业通常会采取以下策略。

（1）强化产品优势概念，发展优势。例如，不论可口可乐的广告内容和形式如何改变，该品牌却始终都在向消费者灌输“可口可乐才是真正的可乐”这一观点；格力空调也一直向消费者强调“掌握核心科技，成为世界名牌”的信念，从而在白热化的空调行业竞争中赢得了用户信任。

（2）竞争压制，断绝机会。即在获得行业领导者地位后，通过多品牌策略拓展企业的市场版图，不断打造针对细分市场的新品牌，从而实现行业市场的全覆盖，断绝竞争对手可能的市场机会。例如，宝洁在洗发水市场推出了海飞丝、飘柔、潘婷、沙宣和伊卡璐五大品牌二十几种系列产品，充分满足了去屑、护发和滋养等不同方面的市场需求，从而始终把持着我国洗发水行业的领导者地位。

◆ 集体定位

首席定位是每家企业都追求的目标，但市场中的第一名显然只会有一个。这时，做不成“龙头”的企业也可以通过集体定位策略将自身纳入优秀的集体中，以更好地进行市场抢位。因为对多数消费者而言，其实并不清楚也无需弄清优秀集体中的成员具体有哪些，但并不妨碍他们有这样的认知：位列优秀集体中的企业自然也会是优秀的。企业宣传介绍中常用到的“世界企业 500 强”“中国民营企业百强”“行业前十名”等词语，都属于集体定位策略。

◆ 概念定位

在信息极为丰富的消费时代，新颖和创新的概念常常能吸引更多消费者的目光，从而帮助企业建立先发优势，获取更多的用户与市场。例如，U 盘是一种闪存片，很多企业都具有研发生产的能力。然而，朗科公司却首先将这种闪存片定义为 U 盘，并趁势推出朗科 U 盘产品。这就让消费者认为朗科是 U 盘的发明者，自然也更青睐它的 U 盘产品。

抢到好的概念只是第一步，更关键的是要对这个全新概念进行定位挖掘，即在市场中首先提出这个概念，并及时推出相应的产品，从而在用户心中留下“第一个吃螃蟹”的印象，赢得用户的信任和青睐。相反，若只把这种新颖的概念当成一般卖点，就很可能会像当年第一台 VCD 的发明者万燕公司一样，失去打造竞争优势的契机，甚至最终消失在市场中。

抢位策略的关键在于“抢”，抢时间、口号、概念、资源和规则等一切有利于企业打造竞争优势的东西。只有如此，企业才能在快速变化和激烈竞争的现代消费市场中长久地站稳脚跟。

4.2.2 顺位策略：寻找市场空隙，实现盈利目标

并不是所有企业都能实现“抢位”。这时，企业可以通过“顺位”策略在市场中获得一席之地。“顺”是顺从和跟从，即“抢位”失利的公司紧紧跟随市场中的“领头羊”，通过对市场领导者的效仿、挑战或补缺，建立竞争优势。

领导者对行业竞争格局有着巨大影响，常常是新市场的开拓者和培育者。对“顺位”企业来说，关键是如何在失去先发优势的情况下赢得消费者的关注和青睐，以实现盈利目标。通常的做法是寻找市场空隙，敏锐发掘领导者忽略或无力顾及的空缺市场。特别是在市场需求日益多元化和个性化的今天，领导者已经很难面面俱到，这为跟随者寻求市场空隙提供了更多的机会和空间。

顺位策略主要包括两种定位方式。

◆ 比附定位

比附定位是企业通过某种方式将自己与行业领导者关联起来，借助领导者的高知名度和美誉度增强消费者对自身的印象，提升企业市场定位。例如，宁城老窖将自己定位为“塞外茅台”，蒙牛宣传自己是“草原奶第二名”；而七喜特意强调自己是“非可乐”，其实也是借助市场熟识度更高的可乐来增强客户印象，激发人们的尝试欲望。

◆ 利基定位

利基定位就是精准发掘尚未被发现或占据的市场空间，围绕新市场的具体特质对产品重新定位与运营，以迎合新市场需求，占有被忽视的利基市场。

例如，香烟品牌基本上都是面向男性用户的。法国著名奢侈品牌 YSL（圣罗兰）却精准把握了被传统香烟企业忽略的女性群体的需求，专门为女性消费者研发出优雅清洁和品味较淡的香烟产品，从而赢得了女性用户的认可和青睐，成功打入香烟市场。

又如，面对趋于饱和的手机市场，朵唯手机通过利基定位，推出了女性专用手机，在外形、颜色、功能和设计等多个方面充分满足女性用户的差异化需求，从而赢得了女性用户的认可和青睐，实现了市场规模的扩张。

顺位策略是在行业格局基本形成的情况下，抢位失利的企业通过效仿领导者，或者补位、挖掘新的利基市场，建立自身的竞争优势，实现市场目标。因此，顺位策略要求企业在格局稳定的市场中积蓄力量并敏锐感知市场变化，以便及时和精确地抓住机会，打造竞争优势。

4.2.3 跨位策略：打破固有的市场格局和秩序

有些企业颇具实力，因此“抢位”失利后不愿“顺位”，不愿成为他人的效仿和追随者。这时，可以通过“跨位”策略进行竞争性定位，打造自身的独特优势。

◆ 对抗性定位

对抗性定位的典型形式是重新定位竞争对手，因此需要与对手进行直接的比拼。特别是在行业格局已经稳固、市场趋于饱和的情况下，市场中的各个细分领域基本都被占据，后来者很难寻求到新的利基市场。这时需要对已有的成功产品进行重新定位，以对手想象不到的方式为自己创造市场空间。

对抗性定位不仅对企业自身实力有着较高要求，而且需要企业把握好以下几点。

★ 否定性：即敏锐发现对手的不足之处，并以此为突破口，一方面强化对手负面因素，另一方面通过对负面因素的优化完善吸引消费者的关注和认可。

★ 强制性：即企业对产品的重新定位不会因对手的意志而改变，从而使对手无法轻易否认和摆脱。

★ 突发性：即以对手想象不到的方式实施对抗性定位策略，在对手采取有效的应对措施之前完成预期目标。

★ 对抗性定位策略涉及与竞争对手的直接比较，这要求企业在具体操作时要符合基本的商业道德和准则，避免恶意中伤。

例如，阿司匹林一直是感冒退烧药的主流药物。制药巨头强生公司为了动摇阿司匹林在消费者心中的领导地位，在推广自己的感冒药“泰诺”时就采用了对抗性定位策略。在广告宣传中，泰诺刻意强调“为千百万不应该使用阿司匹林的人着想”，从而借助反省和对抗在感冒退烧药市场居于主导地位的阿司匹林，强化消费者对自身的印象和认可，实现市场目标。

◆ 跨越式定位

在竞争格局已经稳定的行业中，实力较弱的企业基本上很难单纯依靠自身有限的资源和能力实现快速发展，成为行业第一集团中的一分子。这时，企业可以借助跨越式定位策略，打破固有的思维束缚，从产业整体发展的高度，以合作开放的心态积极获取与整合内外部的各种资源，从而实现“蚂蚁变大象”的跃迁式成长。

例如，位于新疆的特变电工，通过整合老牌国企新疆线缆厂顺利上市，从而实现了自身规模的快速扩张。上市后拥有更强资本实力的特变电工又先后整合了业内第一的沈变和第四的横变两家公司，从而一跃成为国内变压器市场的领导者，甚至在全球变压器行业的排名中位列前三。

抢位和顺位侧重于构建某种格局或平衡。跨位策略则与此相反，强调的是打破固有格局和秩序，通过直接淘汰或整合对手实现自身的跨越式发展，从而打破市场胶着状态，建立由自身主导的新竞争格局和市场秩序。

4.2.4　立位策略：以创新思维培育新的市场蓝海

如果将市场竞争比作游戏，那么领导者就是制定游戏规则的人，因此能够获得最大利益，其他人则只能依照制定的规则参与进来。不过，若是企业无法通过“抢位”成为领导者，“顺位”参与又不能获得预期的效益，“跨位”打破现有规则会很难实现。这时，企业可以运用立位策略，果断放弃当前游戏，通过挖掘和培育新的蓝海市场，让自己成为新市场的领导者，从而建立起竞争优势。

因此，立位策略是指企业打破现有的行业现状和竞争格局，以创新性的思维寻求和培育新的蓝海市场，从而使自身成为新市场的领导者，建立起竞争优势。具体来看，立位策略包括接触途径定位、客户群体定位和品类定位 3 种实现路径。

◆ 通过接触途径定位而实现立位

以分众传媒为例。面对国内媒体行业的稳定格局，分众传媒没有拘泥于固有的传媒运营模式，而是针对都市中不同的消费群体和生活工作场景，开发了商业楼宇视频媒体、卖场终端视频媒体、框架媒介、户外大型 LED 彩屏媒体、手机无线广告媒体和数据库营销渠道等众多可以有机整合的媒体网络，构建了“分众行销 + 新型载体 + 媒体整合 + 数据营销”的独特运营模式，从而使自身发展成为我国最大的数字化媒体平台。

◆ 通过客户群体定位而实现立位

以恒基伟业的商务通为例。在 PDA（掌上电脑）已经进入国内市场十多年，并形成了稳定的行业发展模式和市场竞争格局的情况下，恒基伟业另辟蹊径，专门为商务人士开发出一款掌上电脑，并通过“呼机、手机、商务通，一个都不能少”的理念挖掘和培育新的蓝海市场；同时，恒基伟业还打破了电子产品传统的 IT 分销渠道模式，借鉴保健品营销思维，开设专卖店和专柜，最终实现了销售业绩的跨越式增长，成为商务 PDA 领域的领航者。

◆ 通过品类定位造就第一的立位

比较典型的例子是王老吉。该品牌通过向消费者灌输“真正长效解渴降火”的理念，将富有地域特色的凉茶定位成饮料市场的新品类，挖掘和培育出饮料行业新的蓝海市场；同时，王老吉还借鉴饮料产品的运营模式，对广东凉茶传统的店铺经营模式进行了颠覆重塑，从而使自己最终成为“中国凉茶领导者”。

综合来看，在竞争性定位的四种策略中，抢位和顺位策略偏重于构建和完善某一竞争格局，以推动行业与市场达到均衡稳定状态；跨位和立位策略则侧重于打破固有格局和建立新的平衡状态，以改变企业在行业中的不利地位，成为新市场秩序的主导者。另外，抢位、顺位和跨位都是基于既定市场，而立位则跳出了既有的市场格局，通过开发和培育新的蓝海市场建立企业的竞争优势。

不过，市场、企业、对手乃至整体的商业环境都是快速发展变化的，“兵无定势、水无常形”在互联网消费时代更加凸显。因此，企业在运用抢位、顺位、跨位或立位策略进行竞争性定位时，要以更加开放创新的思维和心态，综合分析与把握行业、市场、自身和对手等多种因素的发展变化，以做出匹配企业诉求的最佳选择。

4.3 差异化竞争战略：同质化时代，再造一个新利润区

4.3.1 企业差异化竞争战略的四大路径选择

随着生产力的大幅度提升，我国的诸多行业已经进入产能过剩阶段，许多缺乏竞争力的企业在巨大的库存压力下相继转型或破产。由产品同质化导致的恶性价格战使许多中小企业处于水深火热之中。在经济全球化的背景下，企业不仅需要与本土市场的竞争者争夺市场份额，而且要防范来自跨国巨头的强势冲击。

为了构建企业的核心竞争力，企业需要制定差异化竞争战略，打造出富有内涵及个性的企业品牌，从而让企业在激烈的竞争中脱颖而出。

迈克尔·波特给出了差异化竞争战略的明确定义："将企业提供的产品及服务差异化，树立起一些在全产业范围中具有独特性的东西。"在其提出的"基本竞争战略模型"中，差异化竞争是企业三大竞争战略之一。

企业在实施差异化竞争战略的过程中，需要发挥自己在技术、资金、人才和管理等方面的优势，生产出在外观、性能、质量及体验上具备领先优势的创新产品，而且这些产品还要与用户的个性化需求相匹配。

此外，差异化竞争战略还包括产品包装设计、营销渠道、营销方式、配送方式及售后服务等方面的差异化。企业需要打造一套专属的差异化竞争体系，在不断提升企业品牌影响力的基础上，使企业在各个方面与同行业的竞争者之间开展差异化竞争。具体来说，企业的差异化竞争战略包括以下几大路径，如图 4-3 所示。

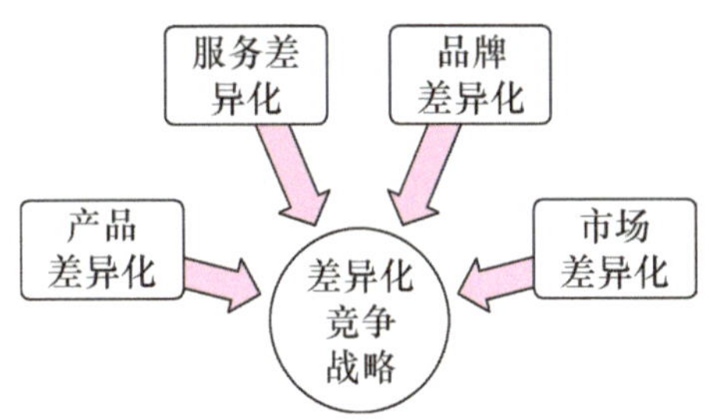

图 4-3　差异化竞争战略的四大路径

◆ 产品差异化

在产品维度上的差异化竞争，最终要打造出在外观、性能和质量等方面具有独特优势的产品，从而抢占更多的市场份额。以智能手机为例，产品所提供的基本功能并没有太大的差异，但是在外观设计和质量等方面不同的企业会有不同的理念。通过对产品的不断创新，让顾客获得满足其需求的个性化产品，是企业实施产品差异化竞争战略的终极目标。

◆ 服务差异化

对服务行业而言，要想吸引更多的消费者，就要根据用户的不同需求为用户提供个性化和差异化的特色服务。创造差异化的服务，对满足时刻都在发生变化的用户需求及消费心理具有十分重要的意义，它是企业加快发展速度，提升市场份额，在强敌环伺的移动互联网时代克敌制胜的关键所在。

◆ 品牌差异化

企业通过塑造不同的品牌形象与同行业的竞争者形成差异化竞争。企业的品牌塑造与企业文化和价值观等有着密切的关联，通过在日常运营过程中不断向消费者强化企业形象，让消费者对企业产生归属感及依赖感，从而让其重复购买甚至终生购买。

◆ 市场差异化

市场差异化包括多个方面，产品的价格、营销方式和售后服务等，都可以让企业与同行业的竞争者之间形成差异化竞争。以家电产品的售后服务为例，消费者在购买电视、空调和冰箱等大型的家电产品时，售后服务是影响他们进行消费决策的重要因素之一。延长保修期和上门服务等，是企业获得消费者认可的有效手段。

4.3.2 企业实施差异化战略的 4 个关键步骤

企业实施差异化战略的 4 个关键步骤如图 4-4 所示。

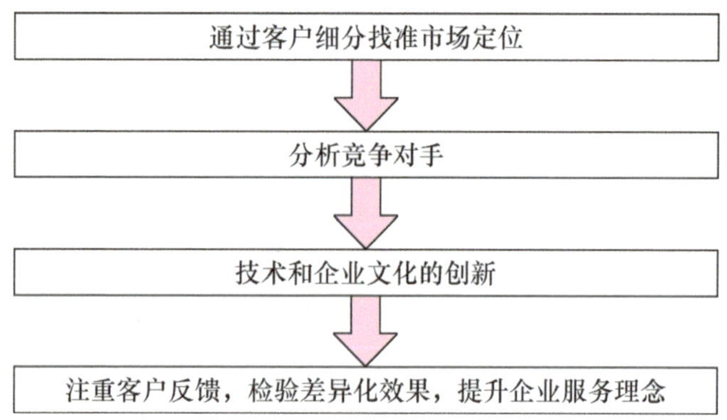

图 4-4 企业实施差异化战略的 4 个关键步骤

◆ 通过客户细分找准市场定位

企业需要挖掘消费者的潜在需求，对消费心理及需求变化有清晰的认识，从消费者的年龄、阶层、购买力和兴趣爱好等方面对用户进行细分。在具体实践中，企业需要明确实施差异化战略的切入点，然后找到形成这种差异化所需要的基本条件及自身拥有的独特优势，接着对企业产品的潜在用户群体进行定位，通过各种营销手段将潜在用户群体转变为自己的忠实用户。

◆ 分析竞争对手

差异化竞争战略，追求的是让自己的产品及服务在同行业的竞争中具有独特优势。这就要求企业要对竞争对手有全面的认识，从而制定出差异化的竞争战略。为此，企业需要对竞争对手的产品、供应商、经销商、营销策略和售后服务等方面进行详细调查及分析，从而打造独特的竞争优势。

◆ 技术和企业文化的创新

根据市场环境的不断变化，对企业文化及技术进行不断创新，是企业构建核心竞争力的重要手段，创新可以为企业注入源源不断的发展动力及活力。企业在消费者心中的画像不仅包括企业的产品及服务，而且包括企业传递出的价值观和服务理念。进入互联网时代以来，科学技术的发展速度逐渐加快，产品的迭代周期越来越短，企业只有通过不断的创新才能适应这种快速变化的竞争环境，最终走上金字塔的顶端。

◆ 注重客户反馈，检验差异化效果，提升企业服务理念

差异化竞争战略的实施效果不是由企业决定的，消费者在这方面拥有绝对的话语权。与消费者进行实时互动，掌握用户的反馈信息，是企业检验并及时纠正差异化竞争战略的关键所在。通过与消费者进行实时交流，企业可以生产出更加符合消费者需求的产品及服务，及时掌握市场环境的动态变化。以用户为中心，提升企业的服务理念，争取通过盈利能力更强的增值服务实现企业价值的最大化。

4.3.3 我国企业差异化竞争战略面临的问题

◆ 传统思想的束缚依旧存在于多数企业之中

盲目从众导致的竞争乱象严重阻碍了我国许多行业的快速发展，某家企业推出

一款受到消费者喜爱的产品后，短时间内会出现大量的效仿者推出海量的同种类型的产品，潮流消失后，绝大多数产品会彻底消失。

许多企业在看到同行业的竞争者推出一款爆品后，放弃了研发新产品，转而去生产这种受到消费者喜爱的同类型产品，但这些企业却没有考虑到先行者已经在市场中建立了品牌优势。企业进入一个被某一企业筑起护城河的行业，绝非是明智之举。

◆ 大多数企业缺乏对差异化重要性的认识与了解

新一代信息技术的不断发展使得经济全球化进程进一步加快，跨国巨头的影响力越来越大，企业与消费者可以跨越时间与空间的限制进行实时交流。仅通过产品本身已经无法让企业在激烈的竞争中占据领先优势，企业需要注重品牌差异化，不断提升品牌的内涵，传播企业文化及价值观，从而形成自己的独特优势。

◆ 缺乏真正的技术创新

产品、服务和企业形象等都可以成为企业与竞争者之间形成差异化竞争的切入点。在实践过程中，企业通常采用的就是通过技术创新形成差异化竞争。但国内企业缺乏技术创新的底蕴，模仿甚至成为了中国企业的一个标签。

在互联网领域，以技术见长的企业仅通过收取专利费就可以为其带来巨大的利润。例如，被苹果和三星等智能手机品牌击败的诺基亚，凭借其超过3万份的独立专利每年可以获得数亿欧元的收入。ValueWalk的统计显示，苹果、三星、HTC、小米、华为和索尼等40多个公司都需要向诺基亚支付专利授权费。

◆ 低收入水平决定了中国的消费特点

我国人均收入水平较低，一些价格较高的奢侈品牌始终是少部分消费者的专利。以家电产品为例，在互联网企业的加入下，虽然家电产品的价格有所降低，但是在我国普通家庭中，购买家电产品的支出仍然要在其年收入中占据较大比例。在经济发达的国家，家电品牌价格基本保持稳定，品牌产品虽然价格较高但仍是大部分消费者的首选。而在我国，家电产品的价格波动较大，价格成为影响消费者决策的重要因素。

◆ 薄弱的市场定位环节阻碍了企业的差异化

国内市场中的部分企业甚至还没有对用户群体进行细分，对企业营销行为对不同的消费者产生的不同效果缺乏清晰的认识，更不可能根据自己拥有的优势去切入那些存在巨大潜在价值的细分市场。

许多企业会为了获取短期收益而选择生产那些潮流产品。同质化的产品只能通过价格战来获取规模效应，但拥有强大资金流的巨头为了打造闭环生态，甚至可以赔本出售自己的产品来抢占更多市场份额，中小企业只能在价格战中被拖垮。如果企业不能进行精准有效的市场定位，最终只能在激烈的竞争中被时代的浪潮所淹没。

◆ 信息宣传不到位导致差异化产品不被市场接受

企业采用差异竞争战略时，必然要对自己的产品及服务进行一定程度的优化，但如果这种优化没有得到消费者的认可，最终的结局只能是走向失败。企业需要明确的是，消费者并非是懂技术、了解产品的专业人员，在诸多同种类型的产品中，绝大多数的消费者仅了解一个或几个品牌，购买该种产品时，消费者自然会在自己了解的几个品牌中进行选择。

影响消费者在几个同种类型的品牌之间进行选择的关键因素就是其对每一个产品的了解程度。事实证明，消费者通常会去选择那些自己最熟悉的产品。如果企业对产品信息的宣传力度不够，必定会在与竞争者的激烈厮杀中处于劣势。

4.3.4 我国企业差异化竞争战略的应对策略

我国企业差异化竞争战略的应对策略如图 4-5 所示。

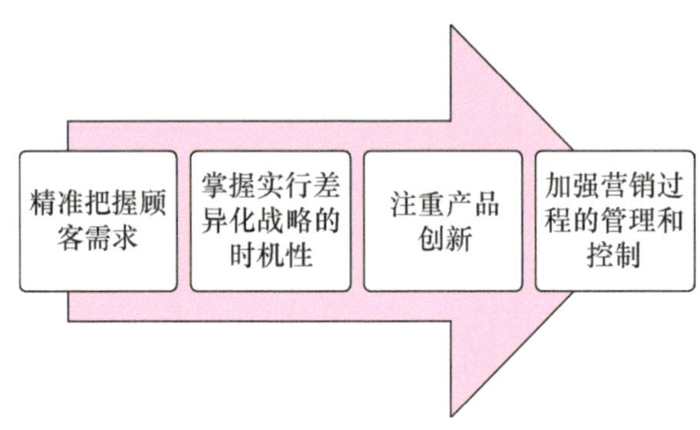

图 4-5 我国企业差异化竞争战略的应对策略

◆ 精准把握顾客需求

差异化战略是企业从竞争对手手中抢占市场份额的有效手段。为此，企业首先需要进行市场调查，按照不同的用户需求对市场进行细分，并从中找到自身可以切入的细分市场，有针对性地为某一特定群体提供个性化及定制化的产品及服务。这能有效避免企业直接与现有品牌在某一市场形成激烈竞争，减少不必要的成本消耗，实现企业价值的最大化。

◆ 掌握实行差异化战略的时机性

选择正确的时机对实施差异化战略的企业具有十分重要的意义。一般来说，选择正确的时机需要考虑 2 个方面：其一是做先行者，其二是做后来者。

在那些新兴行业中，第一个吃螃蟹的企业往往可以建立起市场规则和行业标准，抢占大量的市场份额。先行者可以给消费者留下更为深刻的印象，市场研究机构进行的调查显示：在大部分消费者的眼中，首先进入某一领域的企业提供的产品及服务会比其他企业提供的产品及服务更具价值。

但行业的先行者毕竟只是少数企业，绝大多数的企业注定是一个后来者，但如果企业可以在产品及服务的某些细节上进行一定的优化及改进，同样可以获得巨大的收益。

◆ 注重产品创新

产品创新始终是一家企业的生存之本，企业实施差异化策略是一个动态的过程，它需要企业根据市场环境及用户需求进行不断调整。那些让企业得以保持竞争优势的核心技术可能用不了多久，就会成为所有企业皆可使用的一般技术，甚至会被其他更为先进的技术彻底淘汰。

面对日益激烈的市场竞争，占据优势地位的企业也不能有丝毫的放松，任何差异化都无法长期保持，要想让企业始终处于优势地位，只能通过不断创新来不断拓宽企业的“护城河”，用产品及服务的创新来满足不断变化的消费需求。

◆ 加强营销过程的管理和控制

一家企业无法在所有的领域都战胜同行业的竞争者，而那些成功的企业通常能够在某些领域形成自己的特色。竞争对手在某些领域的不足正是企业实现跨越式发展的重大机遇。对企业营销而言，竞争对手的不足往往就是那些饱受用户诟病的行业痛点。如果企业能抓住这一机遇，满足消费者的需求，企业必将获得巨大的收益。

4.4 中小企业如何在激烈的市场中建立核心竞争力

4.4.1 低成本战略：打造成本领先的竞争力

竞争战略是构成企业战略的重要组成部分，是一种指导企业管理及运营的具体计划。迈克尔・波特在其管理学著作《竞争战略》中提出了成本最低与集中性两大竞争战略。竞争战略的制定需要企业对自己在竞争中所处的地位及角色有清晰的认识，能够根据自己的发展状态及市场环境选择合适的竞争战略。在这一节中，我们首先了解一下低成本战略。

低成本战略是指企业通过合理手段，使自己的成本低于同行业竞争对手的成本，从而获得超过同行业平均水平的收益。企业实现成本领先有多种方式。根据企业产业结构的差异性，成本优势可以来自专利技术、原材料折扣和规模效应等诸多方面。

对以生产性为主的企业而言，要获得成本领先优势需要从产品的设计、组装和营销网络等多个角度来控制成本；而对服务性质的企业来说，低成本优势主要从管理费用、劳动力及运营模式等方面来控制成本。

◆ 低成本战略的四大竞争优势

（1）在行业内具有独特优势。如果一家企业在该行业内拥有绝对成本领先优势，只要使其产品的价格接近或者等于行业的平均售价，就会在该行业中获得巨大收益。当市场环境发生剧烈变化时，其他企业可能会由于利润过低而无法维持生存，但拥有低成本优势的企业仍可以获得巨大收益。

（2）较低的成本可以让企业从竞争对手手中抢占更多的市场份额。当某一行业陷入激烈的价格战，而且消费者对产品的价格又较为敏感时，低成本战略将成为企业脱颖而出的关键所在。

（3）采用低成本战略的企业在无形中提高了该行业的门槛，那些没有足够技术人才和管理经验，无法形成规模效应的企业很难在该行业中生存，从而有效减少了大量的潜在竞争对手。

（4）低成本竞争战略可以让企业在与供应商的谈判过程中拥有更高的话语权，也能够给予经销商及消费者更大的让利空间。

低成本战略也存在着一定的缺陷。从宏观角度上来说，低成本竞争战略需要企业通过规模效应降低边际成本，从而取得成本优势，没有足够资本支撑的企业不适合采用这种方式。

此外，当竞争对手通过更低的劳动力成本或更为先进的技术获得新的成本优势时，企业即使想要退出，也会由于前期过高的投入而陷入被动。目前，我国许多企业也正面临着这一问题，面对劳动力成本的不断增长，许多为国际品牌代工的企业拥有的成本优势正在逐渐消失。

◆ 企业实施低成本战略的 4 种选择

企业实施低成本战略的 4 种选择如图 4-6 所示。

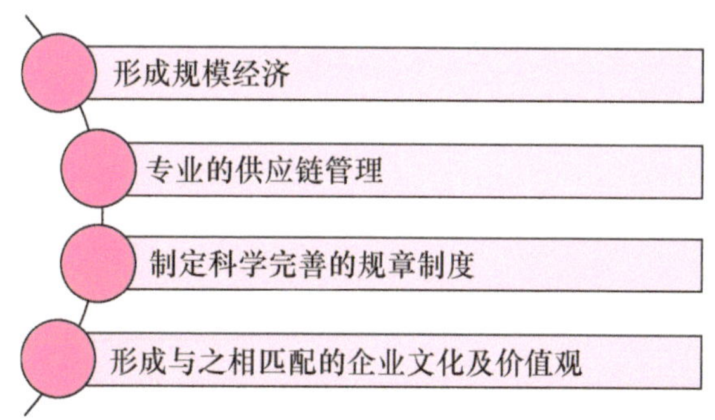

图 4-6　企业实施低成本战略的 4 种选择

（1）形成规模经济

在经济学中，在企业的产品生产规模达到一定的水平之前，其产量越高，单位平均成本会更低。要想发挥低成本竞争优势，企业应该选择那些技术相对成熟和生产流程标准化的产品进行大规模生产。

（2）专业的供应链管理

对供应链进行有效整合，在成本领先战略中具有十分重要的意义，它需要企业与上游产业链供应商（包括原材料、能源和零部件等商家）建立良好的合作关系，从而在获得更低价格的同时，通过对供应商的影响力向竞争对手施加压力。

在不同的发展阶段，企业在与产业链上游供应商合作时的地位存在着明显差异。在产能不足的年代，上游供应商处于优势地位，在价格谈判过程中拥有较高的话语权。但在经济全球化的今天，除了一些核心的原材料或零部件供应商外，企业在与供应商进行价格谈判时都具有较大的优势，而且大规模采购也明显降低了供应商的价格。

但企业为了能长期从供应商手中获得低成本的资源，也要让供应商获得足够的回报，争取与供应商建立互利共赢的合作伙伴关系。

（3）制定科学完善的规章制度

实施成本领先战略要有相应的规章制度提供支撑。合理的规章制度不仅能让企业控制成本，保障低成本战略的实施，而且需要员工尽最大努力探索实现更低成本的新途径，激励员工在成本难以降低时通过创造更多的价值来实现企业价值的最大化。

（4）形成与之相匹配的企业文化及价值观

想要实施成本领先战略的企业必须建立一种勤俭节约、注重细节和严格管理的企业文化。企业不但要注重生产成本，更要注重战略成本，在控制短期成本的同时，更要控制长期成本。只有将低成本领先战略打造成为企业文化及价值观，让降低成本的理念不断传承并发扬，才能让企业长期保持低成本优势。

4.4.2　集中性战略：将资源集中在特定市场

集中性战略是指企业将资源集中在某一个特定的细分市场中，为某一区域或者某一用户群体提供优质的产品及服务。通过实施集中性战略，能有效避免企业因力量过于分散而无法构建核心竞争力，可以让企业把有限的资源集中起来，实施单点突破，以更高的生产效率及优质服务为企业创造更多的增量价值。

在现实生活中，大型商超与 7×24 小时的连锁便利店虽存在激烈的竞争，但二者都能获取巨大的收益。其中的秘密就在于集中性战略，在不同的时间及地点，人们的需求会存在着一定的差异性。整个零售市场就是由一个个满足不同用户群体的子市场组成的。

◆ 集中性战略的三大竞争优势

集中性战略的最佳适用对象就是中小企业。与大型企业相比，中小企业在资金、技术、人才、管理和营销渠道等方面都处于劣势，但这种局限性也逼迫它们将自己的资源集中在一个特定的细分市场，并从中获得领先优势。

（1）中小企业能够通过集中性战略提升产品性能及质量、提高专业化程度及管理效率。

（2）随着市场环境的变化，用户需求愈发多元化及个性化。那些通过实施集中性战略而具有较高的产品质量及专业化程度的中小企业，得到了许多大型企业的认可。许多大型企业与中小企业建立起了稳定的长期战略合作关系，进一步加快了社会化大生产时代的来临。

（3）集中性战略让企业可以确定自己的战略目标，激励它们提升自己的管理水平及技术创新，从而取得领先优势。

◆ 企业实施集中性战略应注意的 3 个问题

集中性战略也存在一定的缺陷，由于实施集中性战略的中小企业对某种特定的产品及服务存在较高的依赖性，如果市场环境发生较大的改变，很容易让企业陷入生存危机。所以，为了降低中小企业面临的风险，在实施集中性战略的过程中，管理者必须注意以下几个方面的问题，如图 4-7 所示。

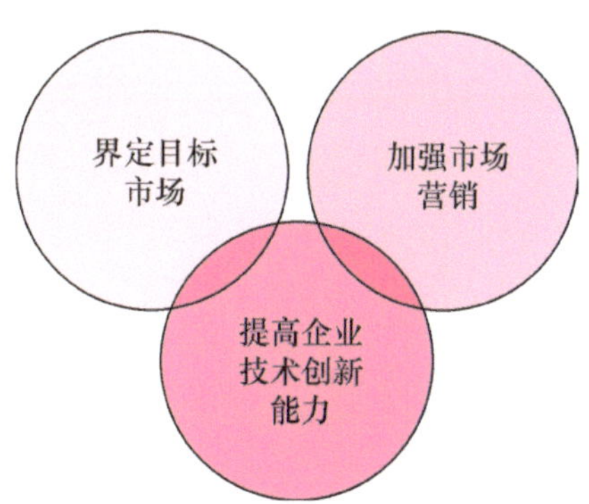

图 4-7　企业实施集中性战略应注意的 3 个问题

（1）界定目标市场

对市场进行详细调查，将选取的几个待定细分市场所需要的条件与自身的优势进行对比，选出能够发挥出自身优势的细分市场。对中小企业而言，那些对大型企业价值不高的细分市场完全可以满足其发展需求。定位于细分市场的中小企业，生产的产品或服务必须具备较高的技术含量，否则在创业者的同质化竞争及大企业进行业务拓展时，中小企业只能被迫转型或破产。

（2）提高企业技术创新能力

中小企业要想在目标市场上具备领先优势，必须不断提升自己的创新能力，缩短产品的更新迭代周期，不断开发新产品，从而满足日益个性化及多元化的消费需求。中小企业可以尝试与科研组织或高等教育机构进行合作，提升自己的科技创新能力，不断改进生产工艺，对产品及服务进行创新发展。

（3）加强市场营销

要打造出一款被广大消费者认可的爆款产品，营销推广是必不可少的环节。当中小企业的目标市场与大型企业存在一定程度的重合时，对缺乏资金的中小企业来说，与大企业在市场营销方面进行正面对决，绝非是明智之举。大企业拥有足够的资金，可以同时开展多种营销方式来获得最佳的营销效果。即便是中小企业侥幸取得成功，恐怕也要付出极高的成本。

中小企业要打破这种局面，就必须改变自己的营销思维：一方面，中小企业可以尝试采用极具特色的营销方式来吸引外界关注，让消费者充分了解自己的产品及服务；另一方面，中小企业要积极拓展新的营销渠道，与经销商广泛开展战略合作，在营销渠道方面建立自己的独特优势。

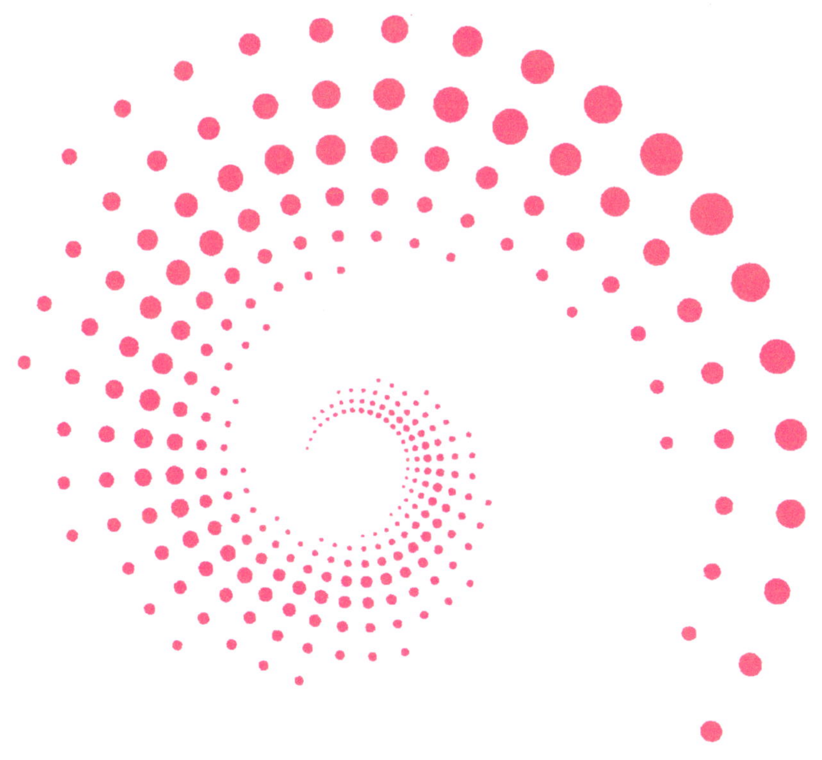

第 5 章

移动互联网时代

的营销战略转型与变革

5.1 移动营销：传统企业营销转型新路径

5.1.1 移动营销的 5 个爆发点

随着移动互联网时代移动客户端用户流量的迅猛增长，布局移动终端成为企业发展的重要战略。用户的消费行为与需求心理在移动互联网时代发生了巨大改变，硬件终端的进一步增长表明了营销主战场从 PC 终端向移动终端转移的发展趋势，这需要企业的营销部门进行相应的营销战略调整，尤其是用户消费行为与需求心理的改变更是企业营销过程中需要把握的重点。

用户流量从 PC 端向移动端的转移代表的不仅仅是一种接触媒介的改变，更是一种用户整体行为的深刻变革。

这种整体行为包括兴趣爱好和使用习惯等，移动端消除时间与空间限制的实时性特征，虚拟空间的社交所带来的隐私性等使消费者对于网上娱乐和社交更为喜爱，以往 PC 端盛行的电子邮件和新闻等开始走向没落。

用户的时间更为碎片化，线上与线下之间的交流互动更为频繁，企业面对如此的市场环境，营销亟须做出调整以适应移动互联网时代的新风暴。

站在广告主的立场上，做好移动互联网时代的营销，使移动营销呈现出良好效果，从而实现广告的精准投放，最终扩大品牌影响力。从目前的发展形势来看，移动营销主要存在以下几个爆发点。

（1）移动终端用户流量入口所表现出来的本地化和细分化特征，更加有利于实现移动广告的精准投放，为实现企业线上线下结合的 O2O 品牌营销打下坚实的基础。

（2）移动广告平台经历了萌芽状态探索期，也经历了从规模、形式和技术等维度上高速发展的黄金时期，原生广告、跨界融合营销、大数据营销和场景化营销等多种营销形式使得移动广告呈现出多元化以及差异化的发展趋势。

（3）以 4G 为代表的通信技术的突破使得视频营销迎来爆发期，移动终端与视频技术的深层次融合将实现营销转化率以及投资回报率的提升。

（4）移动端游戏产业的蓬勃发展为移动广告的投放提供了又一个拥有庞大用户流量的载体，推动了极具创意的内容营销价值的变现。

（5）互联网广告 DSP（需求方平台）在 PC 时代成为广告主精准营销的重要保障，而如今移动终端 LBS（Location Based Service，基于位置服务）技术的运用使广告主对用户的定位更加精确，受益于长尾理论的本地化生活场景营销将会为广告主创造巨大的商业价值。

5.1.2　移动营销战略的 5 个方面

用户流量的入口之争向来是企业竞争的关键所在，掌握了庞大的用户流量无疑会为商家提供海量的潜在消费者，移动互联网时代的用户移动入口在企业之间掀起了一场“血雨腥风”。

移动应用开发的蓬勃发展打破了移动入口的垄断格局，用户开始有了移动互联网产品的自主选择权力，移动营销的载体也变得更加多元化，移动入口的营销价值反映了用户对营销产品的客观需求，作为企业来说应该结合自身的特点制定出科学完善的移动营销战略。一般来说，营销战略的制定应该从以下5个方面进行考虑。

◆ 移动搜索：更智能的结果，更精准的覆盖

与PC搜索相比，移动端的搜索更加垂直细分。例如，需要订餐会直接上饿了么和大众点评，了解新闻资讯会直接打开新闻移动客户端，购物会直接上美丽说和蘑菇街等，这就需要搜索结果更加细致和更加准确，以使消费者体验到便捷智能的服务体验。

百度、360和搜狗等国内搜索引擎服务提供商为了加快抢占移动搜索市场份额进行了战略调整。百度向中小商家提供地级市的精准营销服务，百度的营销辐射范围从之前大范围的34个省、直辖市及自治区细分到375个地级市，能为企业提供区域内的营销推广解决方案，提升营销转化率以及投资回报率。

360推出了自己独立研发的搜索APP，内容涵盖新闻资讯、视频音频、APP应用和地图等，还为用户提供具有语音搜索功能的本地搜索服务，让用户可以及时找到通讯录中的客户联系方式和打开想要使用的APP等，有效地推动了用户体验的提升，从而实现与消费者价值共创。

搜狗开发了“搜狗搜索”客户端，从而让用户更加方便地找到资源，实现社交与移动搜索的深层次融合，使企业能向消费者实施精准营销。搜狗依托腾讯的资源，链接微信公众号数据，用户在使用搜狗搜索时能更加方便地了解到与查阅内容相关的微信公众号文章，提升了搜狗搜索的营销价值。

◆ 移动浏览器：跨屏穿越

移动应用历经了一个快速发展期，各种类型的应用层出不穷，但是能为用户提

供综合需求的还是一些平台化的移动浏览器，如 UC 浏览器、360 浏览器和百度浏览器等。虽然移动应用的开发弱化了移动浏览器的用户流量占有能力，但是作为移动互联网的原生入口，移动浏览器能最大程度上覆盖移动用户，从而为各大商家的营销推广提供海量的潜在消费者。

使用时间更加碎片化的移动终端用户，需要在移动浏览中加入符合移动互联网用户场景化需求的娱乐化场景应用，这将有助于提升用户的使用时长，从而沉淀忠实用户。移动通信技术的不断进步，使得可穿戴设备和智能家居等越来越多的设备逐渐开始接入互联网，移动浏览器的应用也具备了更多的载体。

腾讯的 QQ 账号可以作为一项登录腾讯旗下所有产品的万能账号，从而实现跨屏操作，而且同步功能的加入使得在 PC 端登录账号后浏览的内容同步分享至移动终端，让用户体验到多屏融合的极致体验。

2014 年，UC 优视宣布并入阿里，成为阿里移动事业部的核心产品，UC 移动浏览器这一强大的移动入口成为阿里进军移动领域的一张王牌。

◆ 移动导航：让营销展示更自然

导航功能是 O2O 领域的热点，导航应用的营销范围从最初的餐饮逐渐扩展至出行、住宿、购物和娱乐等多个领域，便捷的操作使消费者在移动地图的导航功能下提升了生活质量。将地图作为移动营销的有效载体在方便人们生活的同时，提升了商家的推广营销效果，从而实现了多方共赢。

高德地图开发了一项“优惠地图”功能，用户打开地图应用后可以看到基于自身所处位置的商家打折的优惠促销活动，包括餐饮、购物和娱乐等多个领域。例如，通过与阿里在“双 11”期间进行合作，用户通过移动客户端可以搜索到距离自己最近的在打折的线下店面，在前往店铺时还可以提供地图导航功能，并免费发放电子优惠券。

◆ 移动生活服务：服务即是营销

生活服务是收益应用开发领域的一大热点，生活服务类的移动应用相对比较容易获得较高的用户黏性。餐饮、出行和零售等细分生活服务在该领域处于优势地位，尤其是 LBS 技术的应用使得生活服务类行业的营销推广发生了质的飞跃。

大众点评是向用户提供本地化生活服务的典型代表，入驻商家在平台上可以享受到综合且全面的营销服务，涵盖团购、电子优惠券、预订服务、外卖和广告推送等。另外，平台会协助商家进行会员管理、交易管理和品牌管理等，提升综合管理水平。

近几年，大众点评与微信、微博、QQ 等社交媒体，小米公司，移动运营商中国联通以及汽车制造商宝马公司开展了一系列合作，整合本地化生活服务 O2O 上下游产业链，通过上游的腾讯和小米强大的用户资源对接下游垂直细分领域的多家企业，为入驻商家以及平台用户提供满足其需求的综合服务。

◆ 移动社交：与消费者直接对话

随着微博和微信等社交平台的崛起，移动社交逐渐成为了企业营销模式变革的发力点，社交平台上亿级用户流量蕴藏了更大的消费潜力。如果商家能够和这些平台进行深度合作，发掘出消费者的潜在需求，解决行业痛点，必定会激发出移动社交平台所蕴藏的无穷价值。

以可口可乐的移动社交营销为例。可口可乐将互联网中的一系列热词加入了产品的醒目位置，出现了极具个性的“昵称瓶”，“文艺青年”“小清新”“土豪”等成为装扮可口可乐产品的情感元素。这极具创意的营销手段受到了消费者的青睐，带动了产品销量的大幅度提升。

后来，可口可乐又将“昵称瓶”改为“歌词瓶”，参与活动的粉丝说出自己喜爱的歌手的一句歌词，即有机会获得定制的歌词瓶，高考、毕业季、情人节和世界杯等歌词元素，充分满足了各个阶段的不同消费者的需求。

消费者通过线上预定自己所喜欢的产品，线下得到产品后可以通过社交平台将自己购买的产品分享至朋友圈，从而免费帮助可口可乐宣传推广。另外，扫描瓶身上的二维码，能得到一段简短的歌词创作 Flash 动画，在听音乐的同时享受震撼的视觉体验。

国内著名的手机制造商——魅族也积极实践移动社交营销策略，如在微博上开通 MX3 的闪购预约活动，用户点击微博页面上的链接即可直接进入预约界面，接着完成下单和支付流程，还能将购买的产品信息分享到微博上，与朋友圈的朋友进行互动讨论。

魅族还通过官方微博向用户提供全方位的服务。通过微博私信向预订用户发送购买提示，用户支付完成后还向用户提示发货信息，用户直接在微博上就能查询商品的详细物流信息。这种借助微博和微信等社交媒体平台所建立的企业商城移动入口，直接与消费者进行实时互动，人性化以及定制化的营销推广促进了消费者对品牌文化的认可，为企业创造了巨大的价值。

5.2 移动广告：数字化时代的营销转型与变革

5.2.1 因地制宜制定广告营销策略

移动互联网时代，广告主要面临营销重心从传统 PC 终端向移动终端的转移，各大商家在投放策略、应用场景、跨屏融合和闭环生态等多个方面进行了一系列的创新发展，新一轮的企业营销主战场已经形成。

移动通信技术以及制造业的发展使得以智能手机为代表的移动终端的迭代周期

越来越短，用户在移动终端上的浏览时长已经超过了 PC 终端，并且呈现出迅猛增长的势头。2014 年国内移动广告市场规模同比增长超过 3 倍，达到 82.1 亿美元；2015 年度国内移动广告市场规模增长至 147.7 亿美元，预计 2016 年移动广告市场规模将会超越 PC 终端市场规模。

面对移动化的市场发展趋势各大商家开始布局移动广告市场，纷纷开始大幅度提升移动广告预算。著名的国际牛仔裤品牌李维斯（Levi's）2014 年度的移动广告营销投入比例从之前的占数字营销的 10% 增长至 20% 以上。著名的美国市场研究公司 eMarketer 预计：2017 年，全球移动广告投入将占据数字广告投入的 36.3%，充分展示出了移动广告市场广阔的发展前景。

但是广告主由 PC 终端向移动终端的转型并不是一件轻易可以实现的事情，它需要企业投入大量的资源并制定完善的移动营销战略，从而完成自身的突破。

移动广告如果按照 PC 广告的营销策略无疑将会面临屏幕相对较小和广告显示量受限的缺点，以往 PC 终端各大商家积累下来的经验在移动终端已经不再适用。

移动端与 PC 端的差异性需要企业做出相应的调整，尤其是在用户的身份识别方面，由于移动终端与 PC 终端相比具有“唯一性”的特征，用户的身份可以被确定，从而实现对用户兴趣爱好、消费行为和需求心里等数据的搜集，进行移动广告更具针对性的定制化生产，实现精准投放。另外，由于设备的尺寸和运行模式的不同，广告的显示效果也有了较大的改变，屏幕虽然较小但是用户的注意力却更为集中，营销效果可能会更好。

由此，广告主的营销决策制定需要结合移动终端的特性。对新型广告形式的创新发展是企业发展移动广告营销的关键所在，广告主可以借助近几年兴起的 LBS 技术在移动终端的应用，开发基于用户地理位置的本地化生活广告营销，实时地向消费者推荐打折优惠活动和距离最近的线下店面等。

作为移动终端的另外一种主流设备——平板电脑也是企业的移动广告营销不能忽视的重要渠道。专业机构统计：目前国内的城市平板电脑普及率已经达到了

30% 以上，使用人数已经超过 9000 万人，用户群体呈现出高学历和高收入的特征。另外，平板电脑上广告投放环境较好，能够展示出精美的广告特效，与 PC 端相比广告更容易被用户接受。

移动广告的内容定制化以及用户人群的新特点使移动广告产品的增值空间大为提升，这也会推动更多领域的广告主开始进入移动终端，如珠宝和化妆品等奢侈品牌商家。国外的数字广告公司 Martini Media 所进行的一项研究表明：奢侈品牌在线上、视频和移动端的广告投入预算已经增长至广告预算的 50% 以上。

5.2.2 多屏融合，打造 O2O2O 的闭环生态

全球著名市场咨询机构 Millward Brown 的研究数据表明：国内用户跨屏上网的最为明显的特征就是同时使用，用户在观看一个屏幕的同时还在观看一个甚至多个屏幕，国内的平板电脑用户在使用平板电脑的同时还在看电视的占据 44%，同时在用智能手机上网的用户占据 31%，同时在使用 PC 终端的占据 13%，而且许多用户还在同时使用 3 个甚至是 4 个屏幕。

这种情况决定了广告主要实现多屏融合，在电视上投入广告的同时要结合微博和微信等进行多屏互动，利用二维码和无线射频等形式将电视广告与移动广告和 PC 广告深度融合，提升营销效果。

可口可乐公司曾经推出过下载专用 APP 在指定“可口可乐”电视广告播出时用手机抓取电视广告中的瓶盖，广告结束后根据用户抓取的瓶盖数量在 APP 中查看奖励。

兴起于互联网时代的 O2O 模式在移动互联网时代更是如鱼得水，随身携带的移动终端将人们的生活与移动互联网紧密连接在一起，市场环境以及相关技术的发展成熟使得原有的 O2O 模式开始朝着 O2O2O 的闭环生态模式演变。O2O2O 模式基于 O2O 模式，利用线上推广将消费者引导至线下店面体验，之后再进行线上交易，从而形成一种闭环生态。

O2O、用户信息搜集和精准投放一直是互联网行业比较典型的三个特征，而荷兰 EFK 家居公司推出的 O2O2O 模式彻底颠覆了这一观点，传统媒体借助电视与移动端的结合使得这些特点不再是互联网行业的专利。

该公司通过建立的网上商城进行线上营销推广。当消费者通过移动终端接收到 EFK 公司推送的带有网上商城链接的消息后可以直接跳转至线上商城页面，系统会根据消费者的移动终端的信息提供基于 LBS 技术的线下体验店导航服务，让消费者直接去线下体验店感受 EFK 家居公司可免费体验的布艺软装方案以及相关的产品，用户直接用手机扫描心仪的商品上的二维码，即可进入该商品的详细信息介绍页面，原材料、详细参数、设计工艺和设计师等相关信息会直接出现在消费者的面前。如果消费者满意可以直接在线支付，交易完成后直接成为 EFK 公司的会员，并享受专属的会员服务。

这种闭环生态模式使得消费者最大程度上在同一家公司进行消费，移动终端变为一种有效连接线下与线上的媒介，最终形成一个可以无限循环的闭环生态经济模式。而广告主在整个闭环经济中所进行的营销推广成为促进生态循环的巨大推动力，从而最大程度上实现企业利润的最大化。

5.2.3 碎片化时代，构建场景营销模式

移动互联网时代人们生活的移动化、碎片化和场景化特征开始显现出来，尤其是场景化所带来的消费行为以及需求心理的改变使得商家对于开发人们生活中的消费场景成为一种主流发展趋势，在多元化的消费场景中随时随地向消费者提供满足其潜在需求的各项服务。广告主在向用户推送基于 LBS 技术的本地化生活内容信息时，可以有效提升用户的阅读体验，提高营销转化率。

在导航犬上广告主可以跟据汽车不同的场景向用户推送不同的营销内容。例如，在车辆行驶场景下向用户推送静态广告内容，在车辆行驶场景中向用户推送动态广告内容。根据用户所处的不同场景特征向用户提供不同的广告内容。

相关技术的不断突破使得人们生活的多个领域都开始出现移动应用场景，广告主可以通过文本、图片、音频和视频等多种形式向人们展现丰富的推广内容。具有语音控制功能的苹果 Siri 的核心技术生产商 Nuance 推出了可以让人与广告对话的 Nuance Voice Ads，能让用户体验到更强的互动性与趣味性。微信的语音视频推广也是一种移动营销场景化的发展模式，它能根据不同的设备特征，通过各种不同的形式如点击、摇晃、拍照和语音等向用户提供相应的广告内容。

最近几年兴起的手机游戏产业也为移动应用场景的开发提供了基础，而且游戏群体的上网时长与付费意愿都处于较高的水平，价值变现可以更加轻易地实现。

尤其是腾讯这种巨头企业更是拥有十分完整的产业链，腾讯由财付通和微信支付所构成的支付体系使得广告主与手机游戏的深度合作更加完善。腾讯互动娱乐所构建的场景化娱乐平台——Fun 营销平台将会打造一个集创新思维、情感体验和资源投入等多种元素于一体的原创 IP 娱乐营销平台。

因时而变的营销策略制定使广告主极大地提升了用户体验，跨屏融合则实现了广告主与用户之间的互动交流，闭环生态模式的建立使广告主在最大限度上留住消费者，更为关键的场景化营销让广告主可以发掘用户生活场景中的潜在需求。不难发现，移动营销的战场将会上演一场激烈的角逐。

5.3 LBS 营销：移动互联网时代的精准定位营销

5.3.1 LBS 营销的发展历程与商业价值

LBS（Location Based Service），即基于位置的服务，指的是通过移动通信运营商提供的技术支持，可以获取用户的位置信息，并通过 GIS 平台为用户提供服务，实现增值价值。基于位置的服务主要有两个特点：**一是获取移动设备以及用户的位置信息，二是为用户提供相应的服务。**

◆ LBS 营销的发展历程

2009 年 3 月，LBS 提供商 Foursquare 在美国上线，主要针对手机的特点进行设计，以手机用户为目标受众。Foursquare 的发展刺激了国内 LBS 市场的繁荣。2010 年，国内各大互联网企业纷纷布局 LBS 市场。2010 年 11 月，名为“人人报到”的 LBS 业务出现在人人网上。

随后，百度在百度地图和百度无线等的基础上推出了“百度身边”LBS 服务；同时，盛大公司则直接将旗下的游玩网改为“切客网”，并将 LBS 服务作为公司发展的一大战略。

2011 年 4 月 27 日，新浪在“新浪微博”的基础上又推出了“微领地”LBS 应用，可以在获取用户位置信息的基础上与用户互动。“微领地”的推出标志着新浪正式进军 LBS 应用市场。

2011 年，艾瑞咨询发布了《2010—2011 年度中国切客服务行业发展状况研究报告》。报告显示，截止到 2011 年，中国的 LBS 用户已高达 1800 万，而 LBS 市场中则有 60 多家企业。

◆ LBS 商业应用价值

（1）终端顾客价值

LBS 是在移动互联技术、GIS 和 GPS 等的基础上发展起来的，它为人们的生活提供了便利，并且也为企业的发展提供了动力。

随着 LBS 应用的发展，未来将会出现这样的场景：一个人在路上走着，然后又热又渴又累，这时他就可以打开手机，登录 LBS 客户端，搜索附近有哪些店铺可以为他提供 LBS 服务。这样，他就可以享受优惠服务；同时，他也可以拍一张照片，上传到 LBS 平台，在附近的好友通过照片显示的位置就可以找到他。而在 LBS 发展起来之前，消费者只能步行到离自己最近的店铺。如果想跟好友聚会，则要打电话或者发短信，但可能他的朋友现在很忙，或者离他比较远，无法即刻赶到。

（2）企业商家价值

LBS 应用在营销中的作用被越来越多的商家发现，如国外的肯德基、耐克和星巴克等，国内的凡客诚品、新浪网和百度等，都将 LBS 融入到公司的发展规划中。LBS 服务主要从以下几方面影响企业的发展。

帮助企业实现“精准营销”。通过 LBS 服务，企业能够获取用户的信息，从而了解用户的潜在需求，实现精准营销。在用户下载 LBS 客户端后，LBS 服务就融入到用户的生活中，参与用户的各种消费行为，而企业就可以根据用户消费时产生的数据，对用户的消费行为和消费习惯进行分析。

例如，一位下载 LBS 客户端的用户经常在某一地方活动，但是偶尔他也会去其他的地方游玩，尝试不同的菜系。如果他在吃饭的时候将桌上的干锅、烤鱼、竹笋烧肉和青岛啤酒等拍下来，那么，LBS 平台就可以根据用户的这些数据分析出他的生活方式以及消费习惯，然后在相关的店铺推出打折促销活动时向用户发送信息，如干锅正在打折，某家的烤鱼味道更好。如果用户刚好是在饿了的时候看到这些信息，并且 LBS 所推送的店铺离用户非常近，那么他就会去消费，从而帮助商家实现精准营销。

实体商家与社交网络相结合，提升用户忠诚度。LBS 服务的兴起也为企业留住用户提供了新渠道，企业可以与一些社交媒体网站建立合作契约关系，定期推出一些优惠促销活动，以回馈广大消费者。例如，可以实行会员制；老顾客消费时，可以享受折扣待遇；顾客在节假日以及生日时，可以获得礼品或者享受折扣优惠。在 LBS 出现之前，企业都是通过会员卡或者打折卡来进行这些回馈活动，但是会员卡等方式还存在一定的缺陷。首先，会员卡携带不方便，一旦顾客忘带，便无法享受会员服务，从而影响其购物体验；其次，会员卡有时间限制，覆盖面较窄，也无法准确记录顾客的消费情况。

而 LBS 服务的兴起则弥补了会员卡的缺陷。消费者无需携带会员卡，只需在结账时出示自己的 LBS 界面，商家就可以看到消费者的消费次数以及消费记录，再根据这些信息给用户相应的折扣。企业在营销中运用 LBS 服务，可以加强企业与员工之间的信任；同时，企业基于 LBS 平台推出的优惠活动、促销信息和节假日回馈送礼等活动，吸引了大量的新客户，并留住了老客户。

星巴克的 LBS 营销

随着时代的发展和市场竞争的激烈，越来越多的商家看到了 LBS 广告的发展潜力，纷纷开始运用 LBS 广告提升“顾客忠诚度”。例如，2010 年 5 月 21 日，星巴克与 Foursquare 联合推出“市长奖励计划”。“市长奖励计划”是一项测试忠诚度的计划，用户只需登录 Foursquare 网站创建自己的社区，并“检入”星巴克，进入次数最多的用户就能够获得“市长”的称号，并可以在星巴克获得 1 美元的折扣。

“市长奖励计划”的意义在于帮助商家有效利用 LBS 应用，为用户提供优质的服务，从而树立良好的企业形象。LBS 应用的优点在于，它不仅能够记录用户的消费信息，而且用户还可以上传照片到 LBS 平台，与其他 LBS 用户分享。2011 年 4 月 1 日，星巴克在美国 7 大城市推出 Mobile Pour 服务，Mobile Pour 是一项基于地理位置服务的应用，用户只需安装 Mobile Pour 的客户端就可以在线下单，等待星巴克咖啡店的店员将咖啡送上门。

星巴克推出的基于 LBS 服务的 Mobile Pour 面向的受众主要是那些想喝咖啡，但在附近又找不到星巴克咖啡店的用户。享受星巴克推出的这款服务之前，用户要先下载 Mobile Pour 客户端，然后就可以随时随地下单订购咖啡，而星巴克就会派咖啡配送员踩着踏板车为用户送咖啡。为了保证用户在最短的时间内享用到咖啡，星巴克安排每两名咖啡配送员负责 1 平方英里（1 平方英里 =2.59 平方千米）范围内的咖啡配送。

基于LBS服务的Mobile Pour只是星巴克利用移动互联网进行营销的一部分。随着时代的发展，星巴克将不断推出新的咖啡订购服务。

Mobile Pour是一项集实用性、趣味性和便利性于一体的服务平台，它一经推出便受到消费者的欢迎，中国的网友将其称为“我看过的LBS最佳商业应用”。

及时了解消费者的需求能够帮助企业调整营销策略，从而销售消费者喜爱的产品。无论什么行业，企业都希望能准确获取消费者的类别信息，从而帮助企业不断改进产品，完善服务。例如，实体店铺通常会了解有哪些消费者从店铺门口路过，又有哪些消费者成为自己的顾客？他们一周来几次？通常是什么时间来？这些消费者的职业是什么？是否居住在店铺附近？店主应采取什么样的方式与顾客保持联系？如何才能留住顾客？这些都是商家需要考虑的问题。

而LBS服务的产生则能帮助商家解决这些问题。通过LBS，商家可以获取消费者的信息，如年龄、职业、居住地址和兴趣爱好等，还可以通过LBS对顾客消费行为的记录分析顾客的消费习惯。此外，商家还能够获取一些竞争对手的信息，如竞争对手的哪种商品最受消费者的欢迎，它吸引消费者的因素又在哪？是产品本身还是服务质量，或者是价格因素等。通过LBS提供的数据，可以帮助商家不断改进产品设计，完善相关服务，实现精准营销。

5.3.2 LBS营销的应用模式与落地策略

◆ LBS营销的应用模式

（1）LBS+生活信息服务

这种服务模式主要出现在餐馆、理发店和KTV等公共场所，为消费者提供基本的日常生活服务。消费者在享受商家服务的同时，也会将评价和图片等上传到LBS平台，与其他消费者分享，而其他消费者也会进行尝试，并做出自己的评价。消费者的自主传播在企业品牌的构建中发挥着巨大的作用。LBS平台上的评价也会给其他犹豫不决的消费者作参考，帮助他们做决定。

LBS平台可以帮助企业提高服务意识，加强互联网营销观念，而基于LBS平台举办的签到优惠和签到送礼等活动，则扩大了企业的传播范围，树立起了良好的企业形象。

（2）LBS+物流货运车辆管理

目前，LBS+物流货运车辆管理的模式还存在一定的缺陷，如大部分物流货运业依靠的还是人力劳动，燃料费、路桥费和仓租费成本高，企业无法实时追踪货物的运输情况，因而无法为消费者及时提供查询信息，用户的疑问得不到及时解决，用户体验较差，最终导致企业无法留住顾客。

如果快递公司能针对自身特点打造一款APP，用户可在APP上预约取件和收件，并可实时查询货物的运输情况，则会提高用户体验，避免客户流失。通过APP，快递公司可以降低运输成本，同时避免公司内部财产的贪污浪费；在解答客户疑问方面，快递APP也能充分发挥优势，及时为客户提供货物相应的位置信息，为用户提供优质的服务；从快递公司的角度来看，可以提高货车利用效率，降低运输成本。

（3）LBS+酒店预订

目前，大部分酒店采取的依然是传统的管理方式，LBS+酒店预订的应用模式还不成熟。但是传统的酒店管理方式存在诸多缺陷，如顾客需要上门预订，耗费时间、精力和金钱，同时可以了解的酒店情况较少，不知道目前酒店是否有剩余房间、是否有优惠和酒店附近的交通情况如何等。

在移动互联网时代，酒店可以在管理中运用LBS模式，尝试推出一些签到优惠活动和朋友签到团购活动等，让消费者及时了解酒店的情况。如在

LBS 平台上显示剩余房间数、房间价格和附近的交通情况等，为顾客提供极致的体验。

◆ LBS 营销落地的四大策略

LBS 场景营销模式落地的四大策略，如图 5-1 所示。

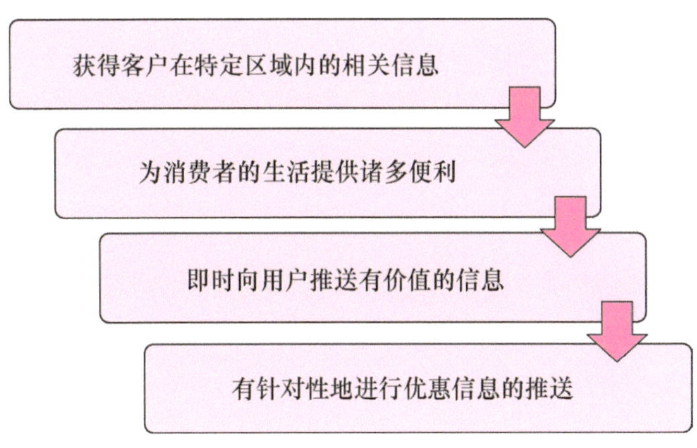

图 5-1　LBS 场景营销模式落地的四大策略

（1）获得客户在特定区域内进行的相关消费活动信息

企业的营销人员要关注的除了客户所处的区域信息，客户在特定区域内进行的相关消费活动信息也是营销人员关注的重点。移动互联网时代，消费者的出行、餐饮、购物都和移动终端紧密结合在一起，通过移动终端消费者能实时了解相关商品的详细参数、用户评论和制作工艺等重要数据。

通过调查发现，移动互联网时代的消费者会更加关注和当前自身所处的地理位置相关的信息，而不是之前曾经在朋友圈中分享以及“签到”的信息。

（2）为消费者的生活提供诸多便利

移动设备中的基于地理位置的服务更容易受到消费者的喜爱，美国的独立性民调机构皮尤研究中心（Pew Research Center）调查发现：18 岁以上的智能手机用户中 74% 的用户曾经多次使用过手机的地理位置服务功能。

当下，移动用户利用移动终端的地理位置服务不仅是获取相关信息这么简单，更为重要的是基于 LBS 技术的地理位置服务功能为消费者的生活提供诸多便利，地理位置服务功能已经成为人们生活中不可缺少的一部分。

（3）即时向用户推送有价值的信息

由于用户对之前的“签到”信息的关注度下降，被誉为“签到”服务鼻祖的 Foursquare 于 2014 年把签到功能剥离出去，开始向基于地理位置的本地化生活服务转型。这一转型的重要意义在于通过向消费者提供基于地理位置的即时广告与产品信息以满足消费者的潜在需求，更易发掘出商业价值。

MDG 国际所做的一项专业调查显示，72% 的消费者会根据商家的营销信息进行电话咨询和进店体验等实际行动。但是在实际的移动营销过程中仅有 23% 的营销人员会向用户提供与地理位置相关的产品信息。这其中的比例差距表明了消费者的巨大潜在需求还没有被发掘出来。

（4）有针对性地进行优惠信息的推送

在当下移动营销过程中，基于地理位置的营销手段除了向用户发送电子优惠券之外，向用户发送含有与产品相关的实时信息也能取得良好的营销效果。百胜集团旗下的塔可钟（tacobell）餐饮服务商推出了一项名为“欢乐时光”的移动营销活动，除了发送电子优惠券以外，还向用户发送“提醒我下午 2 点”的二次推广信息。

通过大数据分析技术可以对用户的地理位置进行预测，从而将某一地域的营销活动信息发送至可能出现在该地理位置的用户。

另外，还出现了一种新型的移动营销策略“Geo-conquesting”，该理论是指企业根据竞争对手的线下店面位置和消费者数据信息等制定自己的促销策略以及营销渠道，从而使企业获取更多的用户，在同行业的竞争中取得优势地位，而那些在移动互联网时代不懂得如何去拥抱 LBS 移动营销的商家无疑将会面临巨大的危机。

5.3.3 企业 LBS 营销注意的 3 个问题

LBS 营销的本质是一种资源的共享与互换，能够让商家基于用户的即时性地理位置进行更加精准化和人性化的产品或服务推送。不过，作为一种新兴的营销方式，商家在 LBS 应用平台进行营销的时候需要注意下面几个问题，如图 5-2 所示。

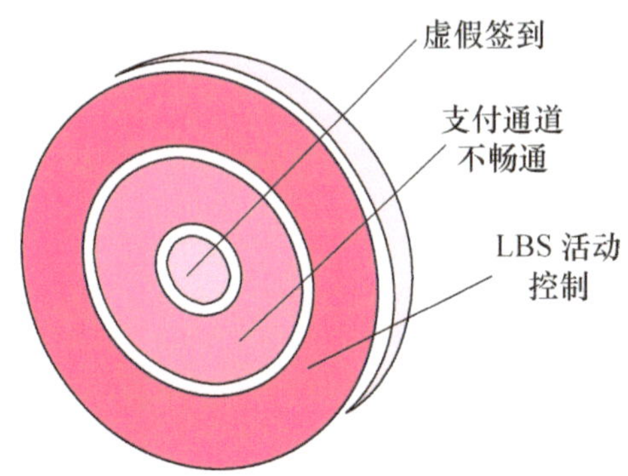

图 5-2 商家在 LBS 场景营销过程中需要注意的 3 个问题

（1）虚假签到

在 LBS 平台中，有些用户为了获得商家的优惠会进行虚假签到。商家需要根据自己的LBS营销目标来看待这种问题。一般而言，营销的目的主要包括促销产品、塑造品牌、获取用户数据以及根据用户数据优化消费体验等。

如果商家展开 LBS 营销的目的主要是促销产品或服务以提升业绩，则需要明确区分用户的有效签到和虚假签到。这时，商家可以与合作的 LBS 应用平台约定，通过多种方式筛除虚假签到的用户（如用上传图片的方式签到）。

而如果商家进行 LBS 营销的目的只是提高知名度，获取用户的相关信息，那么就没必要纠结于签到的真实性问题。因为从品牌扩散的角度而言，用户的每一次签到都可以看成是对商家信息的一次推广传播。

（2）支付通道不畅通

当前，由于各种客观条件的限制，LBS 应用平台一般无法提供网上消费的支付渠道。因此，商家在进行 LBS 营销推广前，需要考虑到这一问题，通过多种方式协调整合第三方支付平台与 LBS 平台，以有效解决用户消费过程中的支付问题，保证 LBS 营销活动的顺利进行。

（3） LBS 活动控制

LBS 营销的另一个难题是商家在首次进行优惠让利活动时，无法有效把握线上用户的参与数与线下的实际消费转化率，从而影响到活动效果。

例如，折扣的力度不够，无法有效吸引用户的注意力，达不到产品促销和知名度扩散的目标；活动参与人数过多，超过了商家的预期，也容易产生各种突发问题，如产品不足和服务质量下降等，会影响到用户的活动体验。因此，商家需要提前咨询 LBS 应用服务商，借鉴其他类似商家在这些问题上的解决方案，以便做出一个比较完善的营销预案，最大限度地完成营销目标。

作为一种随着移动互联网而兴起的营销模式，LBS 营销的核心是资源的共享与互换，实现了商业活动参与者的共赢。简单来讲，LBS 营销的关键就是在用户和平台与商家之间建立起有效的连接与平衡。用户可以通过 LBS 服务获得更多的移动场景体验价值和商家优惠；平台通过用户的分享传播和商家的活动吸引和聚合更多的粉丝，获取更多的数据；商家可以借助平台的数据信息和用户分享点评进行更加精准化的场景营销，从而促销产品，塑造品牌，提升知名度。

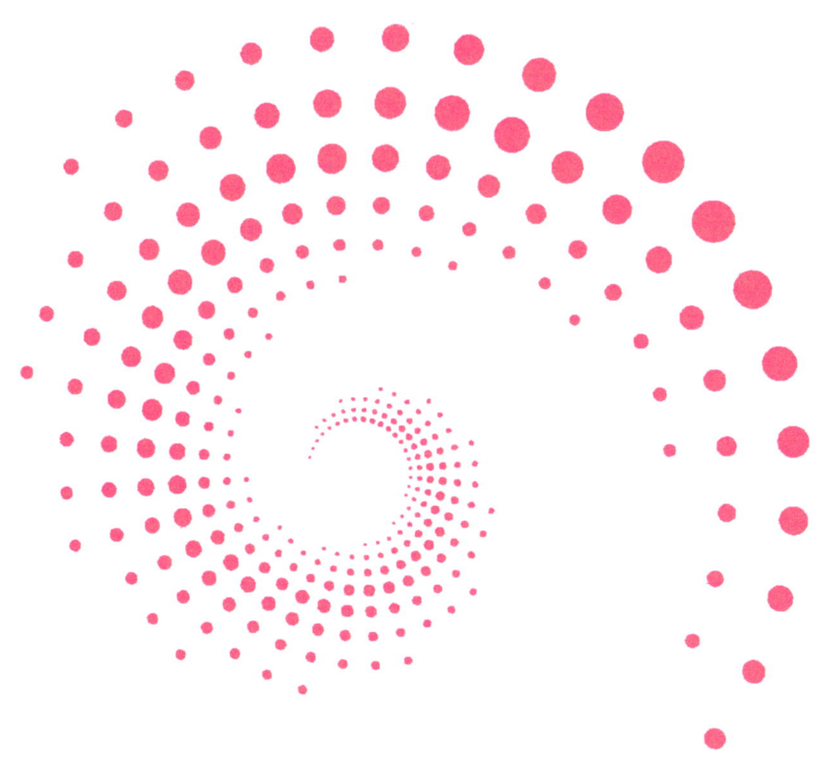

第 6 章

品牌再造：

以创新变革重塑品牌价值

6.1 品牌定位战略：企业如何打造强大的品牌效应

6.1.1 品牌再造：建立精准的品牌定位

一个良好的品牌定位战略汇聚了一家企业的智慧和创意，能对消费者的心理市场进行合理的规划、引导和激发。品牌定位并不是一个无中生有的过程，而是人们对品牌的认识从模糊到逐渐清晰的过程。**品牌定位的目标是为企业打造一个具有较高知名度和信任度的品牌，并通过品牌与消费者建立一种长期的信任关系。**

企业在做品牌定位的时候普遍采用的方法就是 SWOT（Strengths Weakness Opportunity Threats）分析法，是不是将企业自身的竞争优势（strength）、竞争劣势（weakness）、机会（opportunity）和威胁（threat）拿出来进行分析就可以了呢？显然并不是这样。真正精准的品牌定位是将企业的优势与消费者的需求进行有机结合，让消费者感觉到企业的这种优势是专为自己量身定制的，从而提高他们对品牌的接受度。

随着国家经济的发展，传统制造产业的利润越来越低。在这种情况下，传统的制造产业纷纷选择通过从“制造”走向“智造”的方式来实现涅槃重生，企业在完成转型之后开始逐渐走上了打造品牌的发展之路，而如何将其打造成中国品牌甚至是国际性品牌也就成了企业在品牌发展之路上的重要障碍。

在打造品牌的过程中，许多企业的管理者认识到最初进行的产品定位不但没有对品牌的发展起到积极的推动作用，反而成为影响其发展的一道坎。营销大师杰克·特劳（Jack Trout）认为，**所谓的定位就是在众多的产品品类中塑造自己产品的差异化形象，使品牌与品牌之间能够有效地区分开来，从而在消费者心中形成的对品牌的认知就会成为企业的核心竞争力。**企业要想让消费者形成对品牌的认知，除了寻找产品的差异化市场之外，还应该从哪些方面入手强化品牌在消费者心中的定位呢？关于定位战略可以从以下几个方面进行理解。

（1）差异化的产品定位是指在对市场和消费者的需求进行认真分析的基础上，找到竞争者比较少和需求量比较大的市场，根据市场的需求对产品的价格、功能和服务等方面进行定位。

（2）品牌区隔的目标是抢占消费者的心智资源，在消费者心中占有一定的地位，当消费者有某种产品需求时能立刻想到某个品牌。这就需要企业在对品牌命名和营销推广的时候注意将品牌与产品的品类联系起来，并在产品中注入品牌文化，培养用户的消费习惯。

（3）品牌战略要专注，并且要有持续性。当企业确定了品牌的定位之后，就要专注于这个定位去发展企业的业务，不能单纯为追求利益而忽略品牌形象的发展。

方太集团总裁茅忠群在正式进军吸油烟机行业之前进行了市场调研。虽然当时的家电行业有几百家企业，但是这些企业的产品大都定位在中低端市场，而高端市场则被一系列的国际品牌包揽，由于这些国际品牌不了解中国本土的烹饪方式，因而并没有入侵国内吸油烟机市场。

于是，茅忠群决定要做本土的高端家电品牌。他认为这就是一个差异化市场，未来会有更大的发展空间和潜力。因此他首先进行精准的定位，只做吸油烟机，并且力求专业化，等将吸油烟机做成第一品牌之后再扩展到厨电领域的其他产品。于是方太厨电一开始的定位就是要做专业化、高端化和精品化的产品。

在做出了精准的品牌定位之后，接下来就要为品牌起一个名字。这个名字不仅要简单、易记，而且读起来要顺口，容易让人产生联想。因为品牌的定位就是高端的市场，所以品牌的名字还要体现一定的档次。而“方太”这个名字则是根据一位著名主持人命名的，让消费者一听到这个名字就会联想到厨具和吸油烟机行业，同时也比较容易记忆，富有亲和力，能够提高消费者对品牌的认知感。

此外，方太厨电在进行广告宣传的时候使用的广告语也让人印象深刻，“炒菜有方太，吸油烟机更要有方太”这样简单的一句广告语不仅将品牌的名字与产品和行业紧密联系在了一起，而且更贴近生活，可以强化品牌在消费者心中的形象。方太厨电自经营以来一直坚持高端市场的定位。

6.1.2 品牌延伸：品牌定位的 3 种策略

随着经济的不断发展，各行各业的竞争越来越激烈，消费者也变得越来越聪明，越来越理智，企业只有认真挖掘每一种产品在各个层次的价值，满足消费者的更多需求，才有可能在这个竞争激烈的时代生存下来。

1969 年，美国著名的广告专家艾・里斯和杰・特劳特创立了定位理论，即鲜明地建立品牌，从而使企业和产品与众不同，形成核心竞争力。定位从产品开始，但并不需要对产品做什么事，而是需要从心理上打动潜在顾客。定位不是在产品上动手脚，而是在消费者身上动脑筋，努力把产品投入消费者心中。

定位理论一经提出，就成为品牌定位的至理大道，被企业经理人、营销人、广告人和策划人等营销人员用于解决各种品牌管理及行销实务问题。定位理论适用于各种市场经济体制，在各种品牌行销问题的应对中屡屡大显身手，成为品牌行销的必备工具，也因此成为市场营销学的核心支柱理论之一，使市场营销学成为一门独立的科学。

定位是一个动态的过程，先确立自己在市场中的位置，然后通过品牌传播将产品放入消费者心中，从而形成差异化的核心竞争力，在激烈的市场竞争中占得一席之地。经过大量的实践，定位思想已经衍生出了一个相对成熟的策略性体系，包括占位、出位和跨位等相关变位策略，其思想内涵得到了极大的补充与丰富。品牌延伸的 3 种策略，如图 6-1 所示。

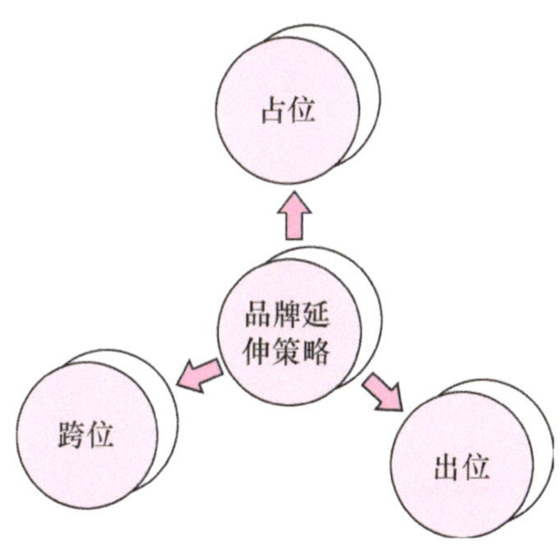

图 6-1　品牌延伸的 3 种策略

◆ 品牌延伸策略之占位

在品牌的实际管理操作中，每个品牌要建立明确和独立的个性，充分利用定位思想，争取更多的社会资源，这种策略就叫占位。

在实际应用中，复旦大学商学院 EMBA 项目“将帅之道”的定位就是很好的例子。

将帅智慧是中华文化的精髓，可以说所有的中华子孙在成长的过程中都或多或少受到传统文化的熏陶，而 EMBA 的招生对象具有高度一致性的身份，都是董事长、总裁、CEO、总经理和总监等企业在职高管。这些人在企业组织中的身份非将即帅。该项目“将帅之道”的定位与学员的身份相符，从竞争性策略的角度看，该定位更容易占领目标受众心智的有利位置，获得学员心理上的认同。

国内还有许多名校开展了 EMBA 项目，它们的定位各有千秋，如北大光华管理学院的“基业长青，学无止境”、清华大学商学院的“百战归来再读书”、浙江大学商学院的“培养引领中国未来发展的健康力量”、中欧国际商学院的“品多了陈年红酒的味道，会想念书本的墨香”等，相比而言，“将帅之道”定位的竞争优势不言而喻。

◆ 品牌延伸策略之出位

同占位一样，出位也是定位思想的延伸策略，就是在定位思想的基础上发扬创新精神，将定位思想创造性地表述为可执行的商业策略，尽可能避免同质化的竞争。出位策略玩转得好的企业当属海信和联想。

海信以品牌整体行销为实施主体，取得了十分理想的市场业绩，通过提出“变频空调”概念，将产品成功打入消费者的心智，以差异化的竞争优势在营销竞争中占得上风。尽管空调是否变频对于消费者的日常使用没有实质性意义，但这一策略仍然使得海信空调在市场上取得了独一无二的地位。

出位策略是在品牌准确定位的基础上，通过差异化的品牌识别传播，让品牌价值更容易获得消费者的心理认同，最终促进产品的销售。

◆ 品牌延伸策略之跨位

所谓跨位，是指打破固有的机制及市场思路，重新组合和制定新的企业战略，使企业战略及品牌形象在原有的基础上得以有效更新和升级。对于每家企业而言，跨位都意味着一种革命和一种勇气，更是自我否认后的创新和重新定位。跨位策略是企业基于产品与消费者之间的消费差异心理寻找产品消费区隔和竞争区隔，从而创造出自己的竞争优势。

跨位策略能够有效地解决品牌跨位、销售跨位、传播跨位和管理跨位等各层面的问题，跨位策略的应用能够使品牌管理及营销策划人员的视野变得更加宽阔且长远。在实际的管理应用中，跨位策略经常用于工业品传播，很多跨国公司在这方面取得了相当不错的成果，如 Intel Inside、利乐和杜邦莱卡等，因为这些工业品品牌的产品大多是某些产品中的一部分，依附于其他产品存在，自身很难识别。

20 世纪 80 年代，以东芝和 NEC 为首的日本公司在半导体相对低端的存储器领域对美国公司发动了全面“战争”，Intel 公司遭遇了前所未有的危机。在这样的背景下，Intel Inside 传播计划横空出世，帮助公司平安度过了那场危机。

当时，Intel 公司依据 286、386 和 486 等数字编号来辨别 CPU 产品，各 PC 制造商也使用这一编号来标示 PC 产品的科技水准。随着芯片产业的竞争愈发激烈，Intel 公司试图保护这一编号系统的知识产权，然而数字编号无法直接注册为商标。针对这种情况，Intel 公司另辟蹊径，创造出 Intel Inside 这一联合商标；贴上这一商标，就表示 PC 里装有英特尔公司制造的芯片。之后 Intel 逐渐开发出了奔腾、赛扬和移动 CPU 等新的技术产品，数字编号就彻底成为了历史。

6.1.3 品牌资产：注重挖掘品牌核心价值

品牌资产是 20 世纪 80 年代在营销研究和实践中提出来的一个新概念，是只有品牌才能产生的市场效益。打造品牌资产可以促进市场的运营，企业在开展营销活动时要注意发挥品牌效应，提升产品的销量和销售额。

◆ 浅层资产与深层资产的区别与联系

许多人认为一个成功的品牌就是要拥有较高的知名度。事实上，品牌中不只包含知名度，还有品牌核心价值、品质认可度、品牌联想、品牌忠诚度和品牌溢价能力等方面的内容，品牌建设应该从各项资产出发实现综合性的提升。品牌资产可以为消费者和企业创造价值，当然品牌为企业创造的价值是建立在为消费者创造价值的基础之上的。消费者从品牌资产中获得价值，从而对品牌产生认知感，并产生购买行为，从而为企业创造价值。

要建设科学的品牌资产首先应该对品牌资产 5 个指标之间的关系有一个清晰的认知。品牌资产中最基础的是品牌知名度，再往上就是品质认可度。这两种资产是品牌的初级浅层资产，对于企业来讲，拥有这两种品牌资产仅仅是品牌走向成功的第一步，不能成为企业品牌的核心优势。

实质上，品牌的品质认知度原本归属于品牌联想，是消费者对品牌的品质产生的一种正联想，之所以将其从品牌联想中剥离出来，提升到与品牌联想和品牌知名度同样的高度，主要是因为品牌的品质认可度对于一个品牌的建设来说有着至关重要的作用，是深层品牌资产的重要基础。

一个品牌的知名度可以通过广告宣传和公关等方式在市场上确立起来，但是消费者如果在第一次尝试购买之后发现该品牌的产品效果并不像广告中宣传的那样，服务也不尽如人意，那么该品牌在市场上建立起来的知名度就会受到影响，甚至造成品牌的覆灭。因此将品牌的品质认可度提升到与品牌联想和品牌知名度一样的高度可以随时提醒企业要注重品牌的品质，无论市场怎样变化，消费者对品牌品质的高认可度是品牌生存和发展的重要基础。

品牌的核心价值既是品牌的核心，又是品牌联想的一部分。品牌联想具有多元的特点，品牌核心价值只是其中的一种联想。品牌核心价值是一个品牌的灵魂，是区分各个不同品牌的最明显的特征。

无论一个品牌如何抢占消费者的心智资源，对于消费者来讲最关键的联想就是品牌的核心价值，但是在品牌资产金字塔模型（见图 6-2）中却没有将品牌核心价值单独列出来。品牌联想是以品牌核心价值为核心开展的一系列的联想，集合了多种形式的联想。如果品牌联想中只有品牌核心价值这个唯一的联想，就显得太过单薄。核心价值的联想是整个品牌联想的主心骨，缺失了核心价值，品牌联想也就不复存在了。因此核心价值不能脱离品牌联想而独立存在。

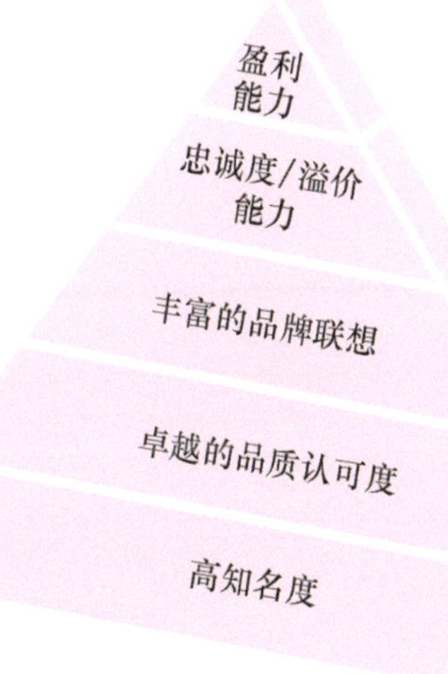

图 6-2　品牌资产金字塔

品牌联想是品牌从初级到高级阶段发展过程中的一个重要指标，品牌联想的丰富程度关系着品牌能否在市场上获得持续性的发展、能否得到消费者的认可，以及能否获得更高的溢价。

◆ 深层品牌资产带来差异化优势和利润

在品牌资产金字塔中，品牌联想能够为企业带来差异化的竞争优势，而品牌忠诚度和溢价能力能够使企业获得更多的市场份额和利润。因此说品牌联想、品牌忠诚度和品牌溢价能力是品牌，而品牌忠诚度和品牌的溢价能力则属于结果性的品牌资产，是企业在创建了品牌知名度、认可度和品牌联想这三大资产之后衍生出来的产物。换句话说，品牌忠诚度和品牌溢价能力的高低与品牌知名度、认可度和品牌联想有着密切的联系。

6.2 品牌运营战略：构建品牌竞争力的关键策略

6.2.1 品牌运营：品牌创新的三大转变

品牌创新的三大转变如图 6-3 所示。

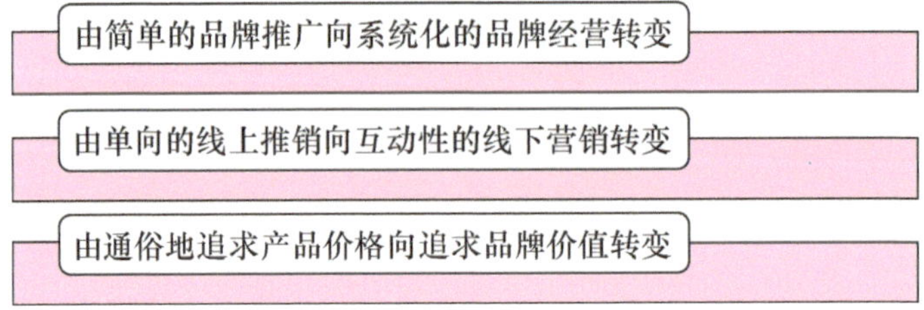

图 6-3 品牌创新的三大转变

◆ 由简单的品牌推广向系统化的品牌经营转变

企业在进行品牌营销时喜欢开展简单的品牌推广，如请名人代言，在电视等媒体上投放广告等。事实上这种品牌推广方式更适用于大品牌；对于小品牌来说，如果依然选择这样的品牌推广方式，那么最终会成为市场的炮灰。随着产品、价格和销售模式的高度同质化，这种品牌推广模式已经不能适应品牌发展的需要了，不仅投入的成本较高，而且还收不到满意的品牌效应。

只有进行系统化的品牌经营才能形成真正的品牌，要进行系统化的品牌经营需要完成以下 3 个方面的内容。

（1）要转变和改善品牌思维、优化品牌战略，从自身实际出发制定一定的品牌目标。

（2）找到品牌与其他同类产品品牌的差异，进一步完善品牌的优势，重新对品牌进行精准的定位。

（3）建立完善的产品结构和品牌运营体系，设立专门的品牌机构，集中品牌的优势资源，实施统一的品牌战略，对品牌营销进行规范化管理。

◆ 由单向的线上推销向互动性的线下营销转变

互联网的发展彻底颠覆了人们的生活方式，也为人们的生活带来了极大的便利。对于这种变化，人们更多的是选择欣然接受，与此同时网络营销作为一种新型的营销方式也得到了众多企业的接受和认可。但是许多企业的网络营销却只停留在简单的网络推广阶段：找几个人在一些 B2B、B2C 网站上进行注册发帖，有的甚至连软文发帖都没有。这种推广方式对网络营销来说简直是暴殄天物，这种没有任何互动性的单向的线上推销方式根本无法使企业在市场上立足。

这种推销方式仅限于将产品卖出去，是凭借个人经验能力在一个点上进行发力，根本不是真正的营销。真正的营销是不仅要卖出产品，而且要使产品以后也能卖得更好，这需要在一个面上进行发力。因此，企业要从原来单向的线上推销向互动性的线下营销转变，在进行线上推销的同时开展一些线下的营销活动，与客户进行互动，强化品牌在客户心中的印象。

◆ 由通俗地追求产品价格向追求品牌价值转变

假设一双运动鞋在工厂的生产成本是 60 元，但是如果贴上李宁的标签在市场上就能卖到 200 元，而贴上阿迪的标签就能卖到 600 元，这就是品牌价值。随着产品、价格和市场的同质化程度越来越高，各品牌之间的竞争也愈演愈烈；在这种竞争环境下，许多品牌之间开始大打价格战，然而价格战却极易葬送一个品牌。因此对一个品牌而言，要想在竞争中赢得优势，提升品牌价值是首要任务。

品牌价值中有 80% 是文化，它不仅代表一种品位和格调，而且是一种生活方式的象征。能够深刻理解这个道理的企业已经得到了不错的回报。培养品牌文化，提炼品牌文化理念，让品牌意识渗透进人们生活的各个角落，从而在更大范围内影响消费者和公众，有效提升品牌的价值。

6.2.2 品牌营销：整合传播的 6 个步骤

整合营销传播要以消费者为出发点，企业在树立品牌形象、进行品牌营销推广的过程中应该始终围绕消费者，要通过各种手段了解目标客户群的具体信息，建立完整的消费者资料信息，从而开展更精准的营销，使品牌与消费者之间建立更牢固的关系，提高消费者对品牌的忠诚度。

在品牌传播的过程中也要始终保持品牌形象的一致性，对信息资源实施统一的配置和使用，从而提升资源的利用率。品牌整合营销传播包括以下几个步骤，如图 6-4 所示。

◆ 建立消费者资料库

消费者资料库不仅包括已经消费的消费者的资料信息，也包括潜在消费者的资料信息，资料库中的内容包括人员数量的统计信息、消费者心理的统计信息、消费者的态度和以往的消费记录等的统计信息。所有生产厂商、营销组织在销量和利润上的高低都与消费者的购买行为有直接的关系，因此整合营销传播将整个营销传播的重点都放在了消费者和潜在消费者身上。

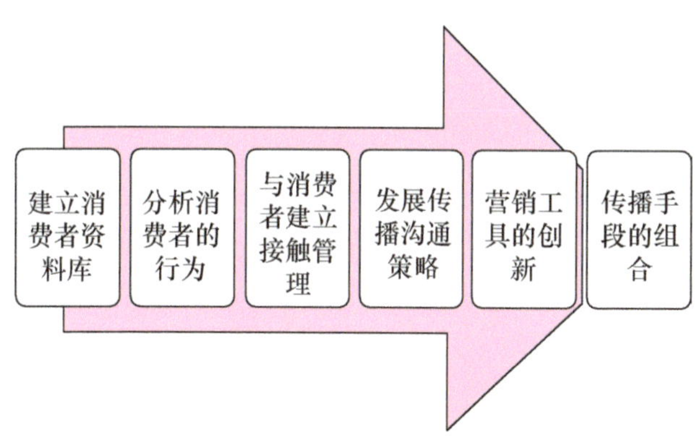

图 6-4　品牌整合传播的 6 个步骤

◆ 分析消费者的行为

在建立了消费者资料库之后，接下来的工作就是要对消费者和潜在消费者的资料进行详细的研究和分析，总结出他们的消费行为的特征，并将其作为市场划分的依据，这些真实可靠的数据要比对消费者进行的主观猜测靠谱得多。企业可以通过这些数据揣测出消费者可能发生的消费行为，从而开展更精准的营销。

◆ 与消费者建立接触管理

接触管理就是指企业在某个时间、某个地点或者某个场合与消费者进行接触沟通，这是 20 世纪 90 年代市场营销中的一个重要课题。在过去供不应求的消费市场上，产品信息的传播不顺畅，在消费过程中消费者要主动地寻找产品的信息，因此对企业而言，“说什么”比“什么时候与消费者进行接触”更重要。但是随着互联网的发展和各种信息传播渠道的日益丰富，消费者成为消费市场的主角，不需要在市场上主动寻求产品的信息，此时对企业来说要想在市场上抢占优势，更重要的工作就是与消费者在何时用什么方式进行接触。

◆ 发展传播沟通策略

有什么样的接触管理就有什么样的信息传播，然后根据传播的信息为品牌整合营销传播计划制定明确的营销目标，这种营销目标不仅要比较明确而且要是数字化的目标。对一个企业品牌来说，营销目标可以包括 3 个方面。

（1）能够激发消费者试用本品牌的产品，鼓励消费者的消费行为。

（2）消费者在第一次尝试之后可以鼓励其继续使用并扩大购买量。

（3）提高消费者对品牌的认可度，建立对品牌的忠诚度。

◆ 营销工具的创新

确定了营销目标之后，接下来的工作重点就是选择什么样的营销工具来完成目标。企业如果将产品、价格和通路都视为与消费者进行沟通互动的要素，那么在进行整个营销传播的时候，企划人员需要更丰富的营销工具来协助其完成传播，而问题的关键就在于哪些工具和工具的组合可以实现传播目标。

◆ 传播手段的组合

这一步的关键就是选择能够实现营销目标的传播手段，除了广告、直销和公关以及事件营销之外，这里的传播手段可以向更广阔的范围延伸，只要能够实现营销目标，产品的包装、商品展示和店面的促销活动都可以成为一种传播手段。

品牌策划的核心就是品牌传播和品牌与消费者之间能够建立有效的联结，因此企业在进行品牌策划的时候应该遵循规范性、实用性、传播性和关联性等原则和特点。品牌并不是独立存在的，品牌只有在实际的营销活动中才能发挥出其效用，因此进行品牌策划一定要始终围绕营销实践。

6.2.3 品牌公关：危机公关的五大原则

从实质上来说，品牌危机就是品牌及其所属的企业和消费者之间的信任、感情和利益关系出现破裂，产生危机。品牌并不是简单的一个标志或名称，而是代表与消费者建立的一种契约关系，并且蕴含着企业对消费者的承诺和消费者对企业的信任和感情。

通过品牌，企业可以为消费者创造出令他们满意的价值，消费者也会通过对其产品的使用体验建立对品牌的信任，从而使企业和消费者之间形成一种长期稳定的交易关系，促进企业的可持续性发展。

品牌危机公关就是在危机事件发生之后，品牌企业能够积极与媒体、政府相关部门或者权威机构进行合作，与它们适时地进行沟通，配合它们的工作，并通过采取相应的措施来挽救给消费者带来的损失，保护消费者的权益，维护品牌形象，增强消费者对品牌的信心。

企业在进行公关危机处理的时候，如果能够严格按照品牌危机公关的科学原则，不仅能够有效化解危机，而且能借助危机事件重塑企业品牌在消费者心目中的形象。具体来讲，品牌危机公关的科学原则包括以下几种，如图 6-5 所示。

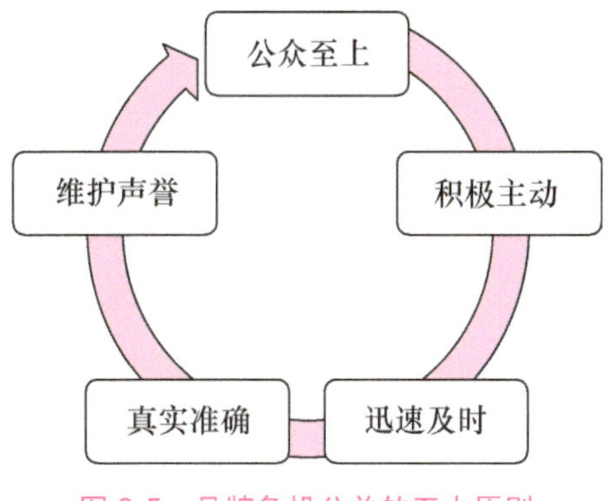

图 6-5 品牌危机公关的五大原则

◆ 公众至上原则

这也是品牌危机公关的核心原则，对企业来讲，公众是其存在和发展的重要基础，公众对企业的印象甚至关系企业的存亡，因此企业在处理公关危机的时候应该一切以公众的利益为出发点。

不管谁是谁非，企业都不应该在公众面前推卸责任，只有这样才能与公众建立长久的信任关系，并获得他们的理解和支持。如果违反了这条原则，不仅不能有效解决危机，而且有可能使危机进一步恶化和升级。

◆ 积极主动原则

在危机事件发生之后，企业应该采取一种积极主动的态度，以自身为主提供主要的情况，掌握信息发布的主动权，信息发布人要从“我”出发，以此增加信息的真实性，从而主导整个舆论的发展态势，不至于让危机向更糟糕的境地发展。

在危机发生的初期，往往是各种谣言和猜测在公众中传播，公众获得的信息比较混乱，而企业在主导舆论之后可以保证公众获得的信息一致，从而掌握危机处理的主动权。

◆ 迅速及时原则

品牌危机的发生具有突发性和影响范围广的特点，在危机发生时企业能够迅速及时地采取有效措施控制事态的发展，将危机控制在一定的范围之内，这是企业处理品牌危机时的关键。

因此，在危机面前，企业应该保持冷静，在最短的时间内找到问题发生的根源，提出相应的应对举措，绝不能逃避和拖延，以防危机进一步恶化和升级。

◆ 真实准确原则

当品牌企业在遇到危机需要发布信息的时候，要向公众发布全面和真实的信息，对公众做到真诚相告，只有这样才能获得公众的理解和支持，并能迅速地化解危机，否则的话不仅不能控制危机，而且有可能给公众留下不真诚、欺诈的印象，影响品牌长期以来树立起的良好形象。

◆ 维护声誉原则

企业进行危机公关最重要的当然就是维护品牌企业的声誉，对于一个品牌来讲，声誉就是它的生命，危机的发生必定会对品牌的声誉带来负面影响，严重的话甚至会威胁企业的生存。

因此，企业在进行危机公关的时候应该时刻谨记维护品牌的声誉，这样在化解危机的同时也不至于损害品牌在公众心中已经树立的形象。

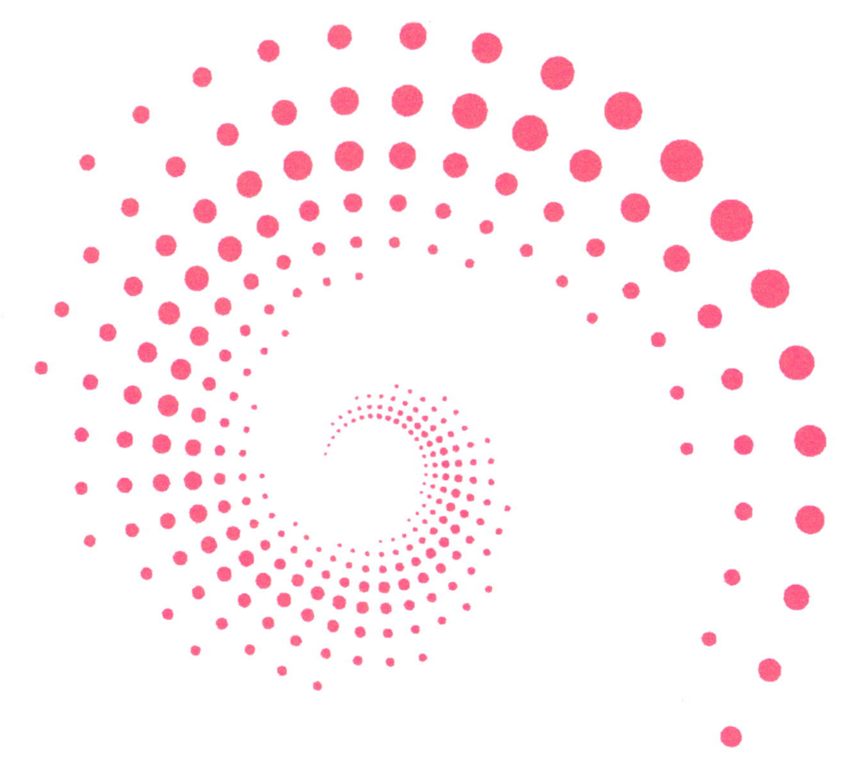

第 7 章

流程再造：

优化流程管理，让战略落地

7.1 企业流程再造与组织变革

7.1.1 企业流程再造与组织变革

20 世纪 90 年代，企业流程再造（BPR）思想在企业界开始被广泛应用，一直占据着统治地位的传统管理模式受到了巨大冲击。在互联网的推动下，一场由企业流程再造引发的管理革命正在席卷全球。

企业流程再造立足于企业的实际发展需求，变革了传统劳动分工理论，实现了企业管理的创新发展。可以说，企业流程再造颠覆了传统企业普遍采用的业务流程，并通过对组织结构进行优化，使决定企业发展的一些关键因素（成本控制、工作效率、产品质量和用户体验等）得到明显改善。

企业流程再造需要结合用户需求，通过对业务流程的优化调整，使企业运营效率得到显著提升。在进行流程再造时，企业应该有一个统一的理论框架作为指导，其主要包括：流程再造原则、方法和过程。这一理论框架对企业而言具有十分重要的意义，它使流程再造理论能够得到具体实践，提升流程再造的成功率，有效降低流程再造过程中的不确定性风险。此外，企业应该明确的是，流程再造绝不是一件可以轻易完成的事情，它将随企业的发展而产生新的变化。

以前，企业中的组织结构是根据员工职能与等级建立的，但随着市场环境及用户需求的巨大变化，这种结构已经无法满足企业的发展需求。尤其是它在应对突发状况时，不能快速灵活的应对，这无疑会让企业陷入被动。企业流程再造为传统企业带来了一次实现组织转型的重大机遇，它注重业务流程，打破层级限制，以成本更低和效率更高的方式与消费者进行实时沟通。

◆ 企业流程再造与组织变革

（1）流程与流程再造

流程可以看作员工工作关系发生的转移与传递。流程再造时，需要对企业的业务流程实施彻底地重新思考及设计，并通过效率、质量、速度和成本等关键要素对企业业绩进行考察，从而为员工营造开放、共享和自由的工作平台，并极大地提升自己的品牌形象。

（2）组织变革的概念

组织变革需要企业根据外界环境的变化进行实时调整，并对组织成功要素实施结构性改革，最终为企业实现跨越式发展打下坚实的基础。

事实上，企业组织与生命体一样，都存在着一定的生命周期，在其发展过程中也要经历出生、成长、爆发、停滞和衰落等生命历程。为了有效改善企业的生存状况，争取为企业营造更加美好的未来，需要不断调整自身的组织结构，从而让企业更加灵活地处理各种突发事件，为企业带来强大的可塑性及张力。

在管理学界，各种组织构成要素之间发生相互作用的联系方式及形式被称为组织结构。组织结构不仅是连接各个组织构成要素的外在框架，而且是提升企业生产效率的关键因素。一个优秀的组织结构不仅要与其拥有的技术、人才及市场环境相匹配，而且要与其运作流程实现完美融合。企业组织结构的调整不仅是其内部发展要求，而且是企业在巨大的外界环境压力下被迫进行的一次自我调整。

◆ 对企业流程再造和组织变革的认识

企业流程再造的奠基者 Michael Hammer 和 Jame Champy 对企业流程再造提出了明确的考核指标：生产成本降低 40%，生产周期缩短 30%，市场份额提升 25%，业绩、产品质量和用户满意度提升 40%。但在实施企业流程再造的企业中，仅有 30% 的企业实现了这一目标。

较低的成功率使许多的企业管理者开始反思：是不是传统的组织分工理论在当前的市场环境中仍发挥着难以取代的作用？对企业的发展而言，完全抛弃传统组织分工理论或许不是一种明智的选择。

更为有效的方式应该是**抛弃那种过于激进的流程再造思维，尝试将企业流程再造与其他管理理论进行有机结合，从而发掘出一种满足企业实际发展需求，更加灵活和高效的新型管理模式。**

虽然在学术界关于企业流程再造与组织变革的认识并没有达成一致，但以下几点已经得到社会各界的普遍认可。

（1）流程再造的出发点是用户需求

流程再造虽然是企业组织内部及外界环境变化共同导致的，但是其最为直接的发展动力却是来源于日益个性化及多元化的用户需求。可以说，从用户需求的维度重塑企业流程，用客户的思维方式实现产品及服务的定制化生产，是企业进行流程再造的起点。

（2）流程再造的对象是流程

流程是为了实现某一目标而进行的存在某种逻辑关系的活动的组合。它更加关注的是如何实施，而不是对目标进行定位，这也是企业流程再造的精髓所在，更是实现传统分工理论颠覆性变革的重要基础。

（3）从根本上重新设计流程是流程再造的主要任务

流程再造不是对细节上的修修补补，而是以提升用户体验为核心，果断抛弃陈旧的思想及方法，从根本上对企业流程进行重新设计，最终打造出一套全新的企业流程及满足企业高效运转的组织结构。

（4）流程再造的目标是绩效的跨越式飞跃

企业流程再造要实现的目标不是缓慢的渐进式发展，而是力争在企业绩效上产生质的飞跃。成功的企业流程再造带来的将是整个组织的跨越式发展，其盈利能力将大幅度提升。

7.1.2 企业流程再造的3个原因

企业流程再造的3个原因见图7-1。

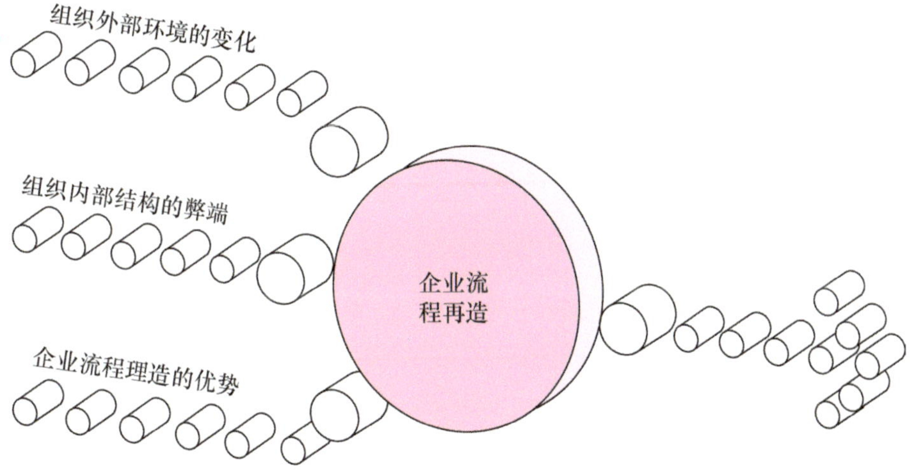

图7-1 企业流程再造的3个原因

◆ 组织外部环境的变化

组织结构对企业战略目标的实现将产生决定性影响。互联网时代，企业所面临的市场环境发生了巨大变化，必然需要企业进行战略目标的调整，而相应的组织结构也必须进行变革，从而与战略目标相匹配。

不难想象，经济结构发生重大变化、政府相关政策的调整、科技进步引发的产品创新、用户需求的变化和企业之间跨界融合的兴起，都会对企业的组织结构产生重大影响。

迈入移动互联网时代，信息传递成本更低和效率更高，信息不对等的局面被打破，产品从价格透明转向价值透明。广大消费者通过虚拟网络建立的用户社群广泛参与到产品的设计、制造、定价、营销和评价等多个环节。产品更新速度明显加快，一个新产品推出后用不了多久便会被淘汰。这种外部市场环境的剧烈变化，使企业采用的传统管理理论无法满足企业的发展需求。现阶段，企业亟须解决以下 3 个方面的问题。

（1）来自顾客的挑战

科学技术的不断发展使企业的生产能力大幅度提升，越来越多的产业进入产能过剩阶段，过度饱和的市场使得交易主导权从企业转移到了消费者手中。同时，人们生活水平的大幅度提升使得以往被压制的个性化与多元化用户需求得到释放，消费者对企业产品及服务的要求进入了一个新的高度。

（2）来自竞争的挑战

不只买方更加挑剔，空前激烈的市场竞争更是让众多企业陷入生存危机。与以往相比，如今的竞争更为残酷、竞争手段更为多样。企业不仅要面对本土企业的竞争，而且要应对积极拓展海外市场的国际巨头；不仅要面对同行业的竞争对手，而且要时刻提防跨界融合而导致的颠覆性变革。

（3）来自变化的挑战

信息技术及通信技术不断突破，对人们的日常生活及工作产生了重大影响。新产品的研发速度大幅度提升，产品生命周期被不断压缩。在经济全球化背景下，一个国家某一产业的波动很可能会引发全球性的经济危机。

导致市场变化的因素更为多样，市场的不确定性大为提升。移动互联网时代的来临不仅让外界市场环境发生重大变革，而且对企业组织结构调整提出了新的要求。

◆ 组织内部结构的弊端

组织内部存在着流程再造的内在需求。当组织中的知识型员工比例逐渐增加时，员工对参与管理的需求也会更加迫切；企业在不同的发展阶段需要不同的组织结构、管理模式和流程设计等。具体来说，传统组织结构的弊端主要表现在以下几个方面。

（1）分工过细，对市场反应迟缓

随着企业规模的不断发展，由社会分工理论产生的传统组织结构会出现分工过细、层级过多的弊端。众多的管理层级导致了信息传递效率低下和沟通成本大幅度上升等多种问题，更为严重的是，由于各部门之间的利益纠纷，很可能会导致管理层决策的真实意图被曲解，从而对企业的发展产生严重的负面影响。

（2）信息传递渠道较长，企业对内外信息反应较迟缓

在传统企业的层级组织结构中，复杂的纵向管理层级以及横向管理部门使企业信息渠道过长，无法对外部变化做出快速反应，长此以往会使企业丧失外在竞争力。具体来说，其会使企业面临以下几个方面的严重困扰。

★ 基层员工所发挥的创造力不能得到及时的肯定与激励，从而影响员工的工作积极性；

★ 在日益激烈的市场竞争中，企业无法针对用户的需求变化在产品生产及资源配置方面进行有效调整；

★ 信息传递效率过低，企业管理者制定出的决策无法得到快速有效的执行。

（3）组织机构臃肿

为了实现企业组织内部各个管理层级及业务部门的有效对接，企业必须设置众

多的管理岗位。所以，传统企业往往不得不承受着严重的人事负担。而且在企业的运营过程中必然会出现不同部门之间的利益纠纷，管理者往往会更加注重本部门的利益，出现问题后各部门很容易相互推脱责任，这无疑会对企业的内部团结产生不利影响。

◆ 企业流程再造的优势

在管理学界引发重大思想变革的企业流程再造，在现代企业发展过程中表现出了巨大优势，越来越多的企业领导者开始尝试将其引入企业之中。在实践过程中，成功的企业流程再造具有以下几个方面的优势。

★ 更加注重为用户创造更高价值的业务流程。企业流程再造是为了提升用户体验，优化企业组织结构，从而能更加高效地为消费者创造满足其需求的产品及服务。

★ 规避了部分运营风险。在企业流程再造过程中，对业务流程进行优化调整，有效降低了企业运营过程中的风险。

★ 控制成本。企业实施流程再造后，运营成本与管理成本将得到有效降低，使企业的资源得到最大程度上的利用。

★ 提升企业运营效率。企业流程再造将缩短信息传递的流程，并减少其传递层级，从而使企业管理者的决策及员工的反馈能够更加高效地在组织内部传递。

7.1.3 流程型组织的设计与构建

企业流程再造虽然主要针对业务流程，但是在这个过程中，必然会伴随着内部组织结构的调整。在传统组织结构不变的前提下，企业不可能使流程再造发挥出预期效果。高效的业务流程要求企业能根据外部变化及时做出反应，并且能有一个与之配套的扁平化组织结构。

扁平化和去中心化的流程型组织使得业务部门之间的界限被打破，使信息在企业内部可以更加高效地传递。企业中原有的职能部门不再各自为政，部门内部资源可以在企业中流通共享，并通过企业打造的信息化网络平台，根据市场环境的变化进行灵活的配置。

◆ 流程型组织的 5 个特点

（1）组织结构建立的核心从以部门职能为中心向以核心流程为中心转变，打破了部门之间的界限，每一个核心流程中都能找到对其直接负责的个体或团队。

（2）流程型组织为企业带来了一种更为扁平化的组织结构。

（3）基层员工获取了更多的权利与自由，员工们将在以企业的核心流程为基础建立的跨部门和跨专业团队中协作互助，为企业创造出源源不断的价值。

（4）流程型组织的基本单元是由员工组成的项目团队，强调通过团队协作实现目标，而不是个人的单打独斗，不同的项目会有不同的团队人员配置，而且将根据项目发展的不同阶段进行动态调整。

（5）消费者决定流程型组织创造的价值。流程型组织建立的工作流程以消费者的需求为导向，员工们将会与消费者进行实时互动。此外，流程型组织注重用户满意度，产品及服务的生产要为用户创造足够的价值。

◆ 流程型组织的优势

与传统的科层式组织相比，流程型组织在企业运营方面具有先天优势。为了更好地理解，我们可以通过 IBM 信用公司的案例来进行详细说明。

IBM 信用公司作为一家为用户提供融资服务的咨询服务公司，其标准的贷款流程包括以下几个步骤。

（1）销售代表帮助申请贷款的用户提交贷款申请书；

（2）由公司内部的客户信用审核部门对员工信用进行评级；

（3）经营部门对贷款合同进行审核并修正；

（4）物价员确定最终的贷款利率；

（5）客户联络专员将贷款合同邮寄至客户手中。

在这种情况下，IBM信用公司平均每完成一笔贷款要花费6天的时间，甚至最长时可以达到14天。从亚当·斯密提出的劳动分工理论中诞生的科层制组织结构在长达200多年的时间里一直被企业界广泛采用。一元结构、多分支公司结构及控股公司结构的背后都有着劳动分工理论的身影。在企业发展过程中的不同阶段应用的职能制、事业部制及矩阵制等都是建立在劳动分工理论的基础之上。

在传统的组织结构中，企业按照劳动分工理论设置了多个职能部门，如设计部、生产部、业务部、人事部和财务部等，而且每个部门中还将以职能专业化为基础，再设置多个不同的岗位，员工根据不同的岗位职能来开展工作，按照标准化的工作流程完成自己的任务。此外，员工的工作内容往往十分单一，过于狭小的视角使员工很难发挥出自己的创造力。

随着外界环境的巨大变化，许多人开始发现与企业发展直接相关的诸多关键要素变得越来越难以确定，用户需求、市场发展方向、科学技术和产品生命周期等几乎没有一个是企业可以确定的。在这种局面下，企业必须对外界变化做出及时调整，通过建立反应快速而又灵活的运营流程来让企业保持旺盛的生命力。

为了解决这些问题，IBM信用公司尝试将传统的科层制组织结构转型为专案式组织。以前，每个细分后的项目都需要由不同部门中的专业人才来完成，如今将由一个综合办事员来对整个业务流程负责，而且安排了几个专家来应对各种突发事件。组织结构转型后，企业运营效率取得明显改观，客户办理贷款所耗费的平均时长仅为 4 小时，在整体工作人员规模降低的情况下，企业业绩反而有了明显增长。

◆ 企业流程再造的未来前景

未来，随着社会的不断发展，也许流程再造也会逐渐淡出人们的视线，但是其传递出的思想却将继续存在，在一切都发生变化的年代，企业更需要通过不断的变革来提升自己的生存能力。

本质上，企业流程再造是对自身业务流程进行完全重新设计的跨职能创新。它将引发企业组织结构、企业文化及价值观的深层次变革，从而在企业运营效率、生产成本、产品质量和用户体验等多个方面取得明显改善。

世界范围内的多家企业都已实行了企业流程再造，并且一些企业还取得了良好效果。普华永道公司发布的一项调查数据显示：在《财富》杂志的 500 强企业名单中，有 78% 的企业都进行了一项或者多项业务流程再造。在西方发达国家，通过企业流程再造提升企业应对外界挑战的能力已经成为了企业界的一种主流发展趋势。

目前，企业流程再造是管理界的一大热点话题，其普及速度及推广力度将会直接影响整个企业界的发展方向。我们在研究其理论的同时更应该关注其在实践中的应用。只有经过不断的实践并改善，才能使这种全新的管理思想为人类社会创造更大的价值。企业在实施流程再造的过程中，应该结合企业自身的特点寻找到一条切实可行的实施路径，通过不断地试错最终实现企业的跨越式发展。

7.2 流程再造管理的实施

7.2.1 企业流程再造的方法与原则

◆ 企业流程再造的方法

适用于企业流程再造的方法主要有两种——系统化改造法和全新设计法，如图7-2所示。

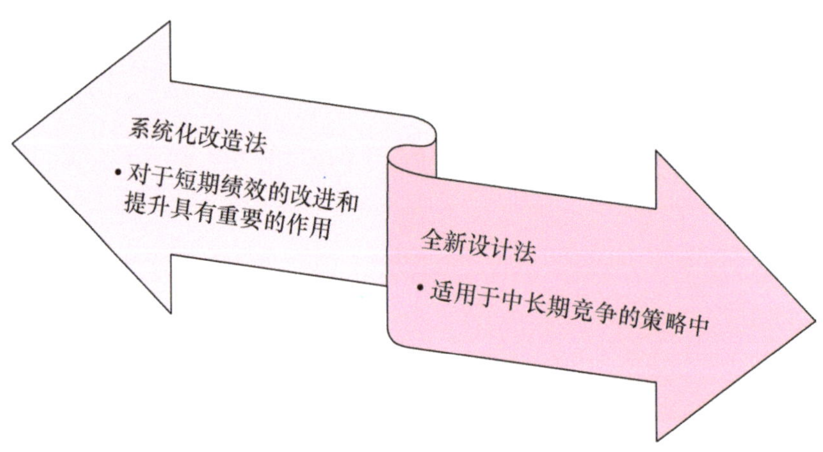

图 7-2 企业流程再造的两种方法

（1）系统化改造法

对企业现有的流程进行全面剖析和深刻理解，并在现有流程的基础上系统地建设新的流程。该方法以现有的流程为起点，通过取消各种非增值活动、避免浪费、简化与整合各种活动与任务的方式重新建造流程。

（2）全新设计法

推翻原有的流程，站在产品和服务的角度上重新思考提供的方法，为企业设计全新的流程。该方法是以流程需要达成的目标为起点，逆向倒推，将以前的一切都归于零，在此基础上重新设计流程。

系统化改造法对于短期绩效的改进和提升具有重要的作用，而全新设计法则适用于中长期竞争的策略中，是站在企业长远发展的角度上重新设计流程的。

但是在实践中，应该怎样取舍这两种方法，除了要考虑企业组织实际生存的环境以及面临的处境之外，还需要考虑两种方法的优缺点。

★ 系统改造法的优点在于这种改变是一种积累的过程，可以通过点滴的改变来实现最终再造的目标，因此，实施的风险较小，也不会干扰企业正常的生产经营活动，收效较快；而缺点就在于没有摆脱企业原有的流程，难以实现真正的创新。

★ 全新设计法的优点在于，能够完全摆脱现有流程的束缚，从根本上思考业务的提供方式，可以实现绩效的快速增长，以企业流程再造要达成的目标为出发点，通过倒推方式重新设计企业流程；而这一方法的缺点是实施起来较为困难，而且风险较高，对企业正常运行的干扰较大，员工往往因为担心自己利益受损而产生抗拒，因此在实施全新设计法的时候还应该对企业文化进行相应的改造。

通常情况下，在具体实践中会将两种方式结合起来使用，扬长避短，从而达成流程再造的目标。

◆ 企业流程再造的原则

企业流程再造的三大原则如图 7-3 所示。

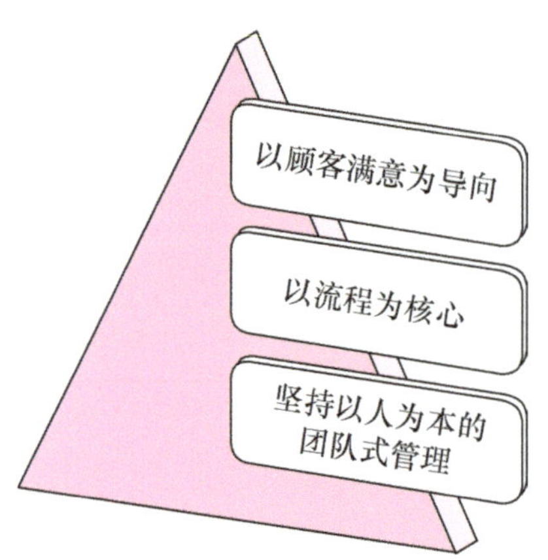

图 7-3　企业流程再造的三大原则

（1）以顾客满意为导向

从根本上来说，企业流程再造的出发点就是顾客需求，顾客满意是企业再造的重要指导原则，因此在企业流程再造中需要更加强调顾客需求对业务流程内容的决定作用。流程再造的核心内容就是彻底更新业务流程，通过调整、信息反馈以及全员参与等为企业注入新的生机和活力。

（2）以流程为核心

企业流程再造并不是简单的机构调整或者缩减编制和裁员，也不是单纯对企业流程进行重新设计。企业流程再造的终极目标是用流程导向替代职能导向。

以流程为中心的企业，其基本构成单位就是不同的流程，市场环境发生变化时，这些流程也会随之改变，每一个流程都会由专业人员组成的团队来负责实施。以流程为中心，要求企业要围绕流程再造的结果来开展流程再造工程，即围绕为顾客提供的产品和服务重新设计企业流程。

在流程再造过程中，企业还应该重新整合原有的职能管理资源，将专业化的流程体系连接起来，并围绕顾客需求对流程进行梳理。

（3）坚持以人为本的团队式管理

企业流程再造并不是一帆风顺的，有数据统计，在进行企业再造的企业中，有

70% 左右的企业都失败了。但是这并不意味着流程再造理论本身存在问题，有关专家将其归因于企业忽视了人的作用。因此，在企业流程再造的过程中应该坚持以人为本的团队式管理模式，在关注流程的同时，更要关注人。

流程再造致力于在组织内部推行扁平化管理，这也就意味着企业能够为员工提供追求的等级职位数量将减少，再造后的企业组织是由流程团队构成的，而流程团队是一支由复合型专业人才组成的。这些专业人才不仅要具备基本的现代知识以及敬业精神，同时还要注重顾客的利益，围绕顾客满意度为顾客创造价值。

处在残酷竞争环境中的现代企业，应该以流程为中心构建工作团队，激励每一个员工都能参与到整个流程的再造以及运转中来。

7.2.2 企业流程再造的实施过程

◆ 企业流程再造诊断

进行企业流程再造要寻找关键流程作为突破口，可以按照以下几个原则进行选择。

★ 跨职能部门的业务流程。

★ 绩效低的流程。

★ 对市场影响较大的流程。

★ 对关键流程进行选择也是一个重要的环节，因为一旦选择出现失误，就可能导致整个业务流程再造的方向发生错误，影响最后的再造结果。因此，实施业务流程再造应该采取谨慎小心的态度。

在选出关键流程之后，需要对关键流程进行剖析，并发现其中存在的问题，企业需要从具体问题出发寻找出病因，在对关键流程的各个方面进行分析的基础上挑选出关键问题，从而提出具体的解决方案，为企业流程再造的实施做好充足的准备。

◆ 企业流程再造策略

企业流程再造是变革原有的按职能划分的管理方式，以业务流程和具体任务为中心重新整合流程。业务流程改造的基本原则是：**在执行流程时，参与的人越少越好；对流程服务对象来说，流程越简单越好。**

在将流程中的问题诊断出来之后，系统地对主要的问题提出有效的建议并进行权衡，推出新的业务流程方案。

◆ 企业流程再造的实施与持续改进

（1）企业流程再造实施的准备

在实施企业流程再造之前首先应该在企业内部建立一种能够适应这种组织结构变化的企业文化，同时还要为新的业务流程设计新的组织体系。企业流程再造的第一步是对企业文化、管理机制以及组织结构的改革，之后才是技术实施过程。打破传统观念的束缚，建立一种能够适应企业流程再造的企业文化，对于流程再造的实施具有重要的意义。

企业流程再造推翻了以直线职能为基础的组织结构，建立了新的流程之后，在新流程的基础上设置扁平化的组织结构，简化管理层次，提高整个系统对市场的反应速度以及运行效率。

（2）企业流程再造的实施

企业流程再造是一种面向企业的全方位变革，涉及企业管理的各个方面。因此，在进行业务流程再造之前应该对部分业务流程进行试点，并有计划和有步骤地切换试点。

在完成试点之后，企业将进入流程再造的全面推进阶段，而全面推进阶段的核心问题是怎样才能顺利推广试点流程再造的模式。具体来讲，有三个比较有效的解决方案。

★ 加大企业开展流程再造以及企业文化变革重要性的宣传力度；

★ 加强对员工的培训工作，向各个流程的相关部门以及员工传达其在新流程中的定位以及工作职责，同时推出新的考核评价方式；

★ 建立推进流程再造的管理体制，同时还要有一支专门实施流程再造的团队；

★ 项目管理、考核和薪酬等管理体系的不断完善是保证流程再造工程顺利开展的重要基础。

（3）企业流程再造的持续改进

市场是变化的，顾客的需求是变化的，供应商也是变化的，在一个时代这个业务流程是先进，而在另外一个时代这个流程就可能是落后的了。因此，企业流程再造是一个持久的动态过程，并非是完成一次流程再造就万事大吉了；企业需要建立一个系统来推进流程的持续改进，始终使企业在市场中保持鲜活的生命力。

7.2.3 企业流程再造实施中的误区

尽管企业流程再造已经逐渐成为一种潮流，但是很多企业的高层管理者仍然对这一理论以及其实施存在一些误区。

（1）忽视了人在流程再造中的作用。很多企业在流程再造时没有鼓励员工参与其中，忽视了在流程再造过程中员工的反应，面对牵涉到自身利益的重组，员工的反抗和不理解是导致流程再造失败的重要因素。

（2）没有发挥最高领导人的推动作用，让流程再造缺少了足够的推动力。

（3）没有选择关键的业务流程，企业的很多领导人没有意识到流程再造对企业的重要性，认为它只是一些能够改善基本操作的业务流程。

（4）为流程再造给予过高的期望，认为通过流程再造可以解决一切问题。目光过于短浅，接受不了在长期效益到来之前产生的短期损失。在流程再造之前没有解决企业战略性和技能性方面的问题，没有重视企业文化和员工观念的转变，没有营造一个良好的流程再造环境，单纯追求业务流程的短期跃进。

（5）管理模式的变革不能紧跟流程再造，企业的组织结构仍然采用传统的职能管理模式，高度集权，不同部门之间各自为政。

（6）没有认清信息技术与业务流程重组之间相互影响和相互制约的关系。不能正确把握信息技术与业务流程之间的关系，有的将业务流程等同于 IT，有的则将 IT 划分到业务流程之外的范畴中，导致信息系统与业务流程脱节，使信息系统不能为业务流程再造发挥重要的价值。

（7）将业务流程再造简单理解为缩减编制和裁员，单纯以资本和技术取代劳动力，使员工的数量大大缩水，违背了企业流程再造的基本思想。

（8）将企业流程再造看得过于简单，认为一次性计划好并完成就一劳永逸了，忽视了市场、顾客、供应商和时代等因素的变化。

（9）未对新流程进行试点、运行、检查及修正。很多企业因为怕浪费时间和成本，在还未对新流程进行试点检验的情况下就迫不及待地开始全面推行，失败后还要花费更高的成本和更多的时间来清理失败的流程。

（10）将 IT 部门作为企业流程再造的执行者，尽管在流程再造过程中，IT 部门可以为其提供重要的技术支撑，但是推动项目成功实施的是业务部门而非 IT 部门。

7.3　企业流程再造与管理创新

7.3.1　以流程再造为中心的组织创新

企业的流程再造是一种从企业流程维度出发进行的组织创新活动。在这个过程中，既需要对企业的流程进行分析和改造，又需要对组织结构与其运营机制进行创新。为了在激烈竞争的市场环境中实现突围，一些敢于创新的企业在其内部展开了一场以流程再造为中心的组织创新实践。

◆ 对流程本身进行重新设计

（1）流程的调整

一般来说，流程的调整主要包括以下几个方面。

★ 事项的整合。它将企业由分工理论形成的多个流程进行整合，使其更趋简化。

★ 事项的分散。它与事项的整合正好相反，将某种职能细分为多个职能，取代原有的职能。

★ 事项的删除。企业中那些无法创造价值，或者投入与产出明显不成正比的事项，应该尽量删除。

★ 事项间关系的调整。目前，企业普遍采用的基于劳动分工理论形成的串行工程方法已逐渐无法满足现代企业的发展需求，“先有设计图纸，再进行零部件生产”的方式将被逐渐淘汰。借助以交叉并行为特征的并行工程，对企业间的事项关系进行有效调整，从而引领企业实现巨大变革。

企业流程的分析及改造是组织创新的重要基础，它不仅代表了组织创新的起点，同时也将有效改善企业的基础管理工作。联想在推行企业资源计划（ERP）的过程中，涉及的业务流程达到了77个，有效地改善了企业中不合理的工作方式与工作习惯。但从整个国内企业在流程再造领域进行的创新实践来看，其力度与质量还远远不够。

（2）流程的延伸

完整性是流程的一大典型特征。但事实上，传统企业中的流程长期处于被割裂的状态，尤其在企业与外部的利益相关者的连接方面更是如此。企业与消费者、供货商和经销商之间的联系没有受到应有的重视。经过流程再造，组织内部的边界被打破，其流程可以延伸至价值链上游的供货商与下游的经销商和消费者。

在与参与价值创造活动的利益相关者沟通交流时，企业可以获取大量实时信息，从而对整个价值链的价值传递进行优化。例如，对原材料供应商的生产规模进行指导和协助经销商在更多的推广渠道中开展营销活动等，从而实现多方共赢的局面。

海尔集团通过启动流程再造，将企业的流程扩展至整个价值链。原料供应商、经销商及消费者都参与到了海尔产品的研发、生产、推广及销售过程之中，极大地提升了海尔产品的附加值。

（3）流程的信息化

信息技术与通信技术的不断突破为企业实施流程再造提供了强有力的支撑。被称为“企业再造之父”的迈克尔·哈默表示，信息技术是企业进行业务流程再造的必备条件，没有信息技术作为支撑的企业再造，不过是痴人说梦。信息技术与流程再造之间存在着密切的关联，只有二者实现有效融合才能达到最为理想的效果。

不难发现，国内企业进行的流程再造都是以信息技术作为支撑的。例如，海尔集团在流程再造的过程中构建了物流、分销、支付及配送四大信息化平台；上海易初通用机器有限公司实施的“全员精细量化的核算与管理”构建在组织内部的计算机网络之上。

流程的信息化将推进组织内部的信息传递，加快业务流程，使各项业务指标得到精准量化，从而为企业的价值创造活动提供有力支撑。

◆ 组织之间的流程再造

这种再造发生于两家企业之间，多数情况下是同一个价值链上的企业与供货商和经销商之间的流程再造。在实施组织之间的流程再造后，企业与合作方之间可以像同一家企业一般实现稳定高效运营，它有效缩短了产品的生产及运营周期，有效降低了企业运营成本，优化了整个业务流程。

国内的双星集团是实施组织之间流程再造的典型代表，它与海外的经销商通过流程再造的形式极大地提升了合作双方的盈利能力。通过移动互联网技术，双星集团与海外的合作者可以实时地交流市场信息及产品生产信息。此外，双星集团还与供货商进行了流程再造，并通过双方之间的交流互动优化原料采购流程，有效降低了采购成本及库存成本。

◆ 流程体系的建立

事实上，每一个业务流程都可以从层级与阶段的维度出发，进一步细分为多个子流程。而这些子流程同样能被分为核心流程及支持流程。这样就在组织内部建立了一套流程体系。

企业管理者需要明确的是，即便是在组织局部进行流程再造，其实施对象也可能是一个庞大而又复杂的流程体系。在流程再造的过程中，只有打造出流程体系才能理清企业各个流程间的关系，最终高效精准地进行以流程再造为中心的组织创新。

7.3.2 部门、岗位职能的流程再造

进行流程再造时，部门及岗位是流程的重要参与对象，企业必须要对岗位和部门职能进行优化调整。如果仅从部门和岗位职能调整维度上来看，国内企业的实践经验比国外企业要丰富得多。

◆ 职能的统一和集中

多数情况下，职能统一与集中的实施对象是同一职能。在传统的组织结构中，企业管理层级过多和职能机构重叠的缺陷严重影响了企业整体的协调。在移动互联网时代，组织创新可以去掉这些中间管理层级，从而使一个职能对应一个管理层机构，消除机构重叠和业务重复在企业发展方面造成的弊端。比如，将企业的物资管理方式从层级管理转化为集中管理，去掉分散在各个区域的二级仓库；引入财务核算系统，由计算机完成财务核算，只要将原始数据输入核算系统，就可以快速高效地获得精准的财务数据。

一些大型企业的事业部都设置了类似人事管理、营销和后勤等岗位，这虽然有助于维持它们的相对独立性，但是随着企业的逐步发展，这无疑会破坏企业整体发展的协调性，容易导致组织混乱的不利局面。而且这种重复性的组织部门建设也是企业资源的一种严重浪费。近年来，一些国内的大型企业开始尝试对过于分散的职能进行统一，比如宝钢集团、上海三菱和青岛啤酒等在这方面的实践都取得了成功。

◆ 职能的合并

职能的合并是将原本不属于同一部门的职能合并至同一个岗位或部门。从本质上来说，它是一种跨越多个部门的流程再造。在国内的企业中，职能合并主要有两种表现形式：临时项目小组与一贯制管理。

在这里主要介绍宝钢的一贯制管理。这种管理方式通过横向组织结构的简化减少分工，从而实现了结构的综合化，明确了岗位的权责，一个职能或部门能处理的业务，绝不安排多个职能或多个部门处理。在流程管理方面，宝钢实施了全过程管理，有效打破了传统管理方式过度分工和职能过于分散的不利局面。

◆ 职能的转换

在企业实施流程再造的过程中，不但要对职能进行一定的优化调整，更要实现职能的转换。大多数企业的职能部门主要体现其监督与引导功能。流程再造后，各个岗位及部门在企业的价值创造过程中所发挥的作用得到明确，它们将坚持以用户为中心的原则，竭尽所能地为用户创造价值。

企业实现职能转换的同时，也意味着职责的改变，但更为关键的则是进行思维的转变，将企业转型成为服务型公司。要实现这一目标，企业必须建立配套的考核体系来推进其实施。

海尔集团通过组织再造将职能部门的管理功能转变成为服务功能，改革后的职能部门将采用一套独立的财务核算系统，只有在其提供的服务被服务对象认可时，才能获得相应的回报。

◆ 部分职能的社会化

移动互联网时代，社会化大生产已经成为现代企业产品生产的主流发展趋势。一架波音飞机的零部件由 70 多个国家的 500 多家企业共同生产。在以美国、德国及日本为代表的发达国家，其产品的社会化生产水平已经达到了相当高的水准，并已经成为衡量一个企业对社会资源的利用水平和组织机构是否精简的重要标准。

在实施组织创新的过程中，国内企业也逐渐认识到社会化生产所带来的巨大优势，许多企业开始尝试将部门职能社会化。在这种情况下，企业可以将自身的精力集中到核心的业务中。而那些社会化后的非核心业务也将由该领域的顶尖企业为消费者提供最优质的服务。

在组织流程再造过程中，企业的岗位和部门所承担的职能发生了重大改变，相应的考核激励机制也要进行变革。新的考核激励机制既要能激发每个员工及部门的工作激情，又要将员工、部门和企业的目标进行整合；既能推动单一流程的效率提升，又能保证组织整体流程的稳定运营。

◆ 明确企业内部的市场关系

企业中的不同岗位和部门之间的工作内容及需求存在明显差异，它们之间的市场交易方式也应该有所不同。为了实现内部市场交易的差异化，企业必须明确组织内部存在的各种市场关系。

从国内企业目前的发展现状来看，其内部主要存在三种市场关系：以原材料采购、产品生产及营销推广为代表的核心流程内部的买卖关系；核心流程与为其提供服务的支持流程之间的契约关系；核心流程与职能管理部门之间的服务关系。

◆ 建立内部价格体系

企业内部市场价格体系的制定可以参考外部市场的实际情况，其目的是企业的产品在市场中赢得领先优势。

为了实现这一目标，企业必须不断调整内部的市场价格，从而适应市场价格与管理成本的动态变化。在内部价格体系的构建过程中，可以依据美国施乐公司开发出的测定基准法，制定出以全球最高水平为标准的实际价格，而不是向同行业中的“领头羊”看齐。

◆ 划分出较小的核算单位

为了提升考核机制产生的激励效果，企业在核算过程中应该尽量以较小的核算单位进行核算，比如按照部门和岗位，甚至按照个体进行核算。此外，企业还应该明确每个核算单位的投入及产出，并将“不断压缩投入成本、提升产出”的理念深化至每个核算单位，从而让企业创造更大的价值。

7.3.3 松散耦合业务流程管理

当今时代，灵活性、合作精神和财务能力已经成为备受企业青睐的重要业务目标，也是影响企业市场竞争能力和持续成长能力的重要因素。

不过，传统的组织文化和业务流程并不能有效融合这些新的目标诉求。因此，需要对旧的业务流程进行变革再造，使灵活性、合作精神和财务能力等关键业务目标能够真正融入企业的核心业务流程和组织文化中。而“松散耦合的业务流程”（loosely coupled business processes）是迈向目标的第一步。

与传统业务流程在企业界限内基于具体信息进行具体管理的模式不同，“松散耦合业务流程”打破了传统的企业边界，是跨越多个层级和涉及公司全流程的再造与管理。例如，供应链的管理涉及了行业领域内的多个层级；客户关系管理则需要具备客户支持能力的专业第三方的帮助。这要求管理者和组织成员对外界有着极强的敏感性和灵活性，以充分挖掘这些系统的潜力，构建出更具竞争力和价值创造力的新业务流程。

◆ 新业务流程的特点

“松散耦合业务流程”的设计是按照实体定义的。例如，需要哪些公司加入，它们将各自扮演怎样的角色，在特定时间段内必须完成哪些事项，阶段性成果如何，等等。这种新业务流程不同于传统的业务流程，对参与者的角色功能、流程规则与运行方法等多个方面进行了变革重构，从而能够更有选择性地利用数据，提前预警可能遇到的问题和风险。

（1）角色

实施业务流程再造需要一个拥有权力、能够有效整合协同多方资源和共同为预期业务目标服务的高级管理人员，如此才能推动再造活动的顺利进行。然而，“松散耦合业务流程”不仅涉及企业内部不同元素的整合，更需要协调多个企业间的业务活动，这造成了权力的极度弱化与分散。特别是业务流程范围越来越广，参与到流程中的公司数量和类别也愈发多样和复杂，使得有效协同的实现远非一个人可以完成，而是需要多方面人才合作进行。

在服装行业的供应链管理中，需要协调原材料供应、专门的纺织和编织、裁剪缝纫、包装和物流服务供应等多个不同的业务活动，因此需要企业或人员围绕设计师和买家的个性化需求，灵活调配和协同供应链中的不同环节和服务提供者，真正实现高效优质的全供应链流程管理。

利丰服装贸易公司就是通过这种超越组织边界的“松散耦合业务流程”的再造，与设计师和买家合作，构建了每条服装生产线上参与者的最佳组合方式，使其他所有公司都成为整体供应链系统中的服务提供者和价值创造者。由此，利丰公司成为了竞争白热化的世界服装贸易市场中的新贵，年销售额高达32亿美元。

（2）规则

以往的业务流程管理方法是向管理者和参与者提供尽可能详细的相关信息，使他们明了业务流程中的哪些事项和活动是必须完成的，从而保证业务流程进展的效率、安全性与可控性。

与此不同，“松散耦合业务流程”模式并不会明确说明业务流程中的活动细节，也不会干预参与者的具体运行方式；而是根据流程中不同阶段终端产品的特性选择最佳的服务提供商，并通过合理的奖惩激励制度来保证流程参与者积极主动地完成各自的业务环节。

思科公司将“松散耦合业务流程”模式应用到客户关系管理中，取得了不俗的效果。通过思科在线连接（CCO，Cisco Connection Online），公司超越了自身资源和边界的限制，能够对上百个专业渠道资源进行有效的协同整合，从而充分满足了客户多元化、个性化的服务需求。

具体来看，通过CCO，公司能够精准评估和了解客户的个性化需求，然后将咨询、配置、执行、安装、培训和设备操作等不同业务活动的服务供应商准确地匹配给客户，以最专业化的服务满足客户需求。同时，思科公司也给予了业务流程中的服务供应商充分的信任和自主空间，并不会干预控制他们的具体行为，只是给出一个明确的业务目标，然后通过合理的奖惩手段来激励他们高效优质地完成各项事务。

（3）方法

相较于传统的业务流程，“松散耦合业务流程”具有很大的灵活性，能够为参与者明确指出整体流程中的阶段性要求，提供一个赶超的目标，并通过绩效激励等手段挖掘出更大的运营改进潜力，从而有效推动这些阶段性要求的高效优质落地。

丰田公司运用“松散耦合业务流程”思想开创了汽车行业中与主要供应商合作业务流程的新模式。丰田在其主要装配工厂中专门设置了一间用于供应商开会的房间。每周，丰田都会将各个供应商的表现与业务流程的阶段性要求展示出来，以此督促供应商主动采取有效手段弥补和消灭实际成果与预期目标的差距。

◆ 信息技术的支持

在信息不断涌现并快速更新迭代的互联网经济时代，“松散耦合业务流程”的再造与管理显然离不开信息技术的有力支持。这就需要企业中的IT团队从单纯的技术提供者向具有协调和领导能力的角色转变，构建出更加有效的与CEO和COO等高层管理者交互的方式，从而充分发挥出互联网新技术的价值创造能力，推动企业的高效优质运行。

具体来看，对新技术的应用管理技巧主要包括："节点启动"（node enablement），即将企业现有的IT资源转化为潜在的网络服务资源；"节点管理"（node management），对业务流程节点进行有效管理，以保证处理问题的能力和解决方案的有效性和可靠性；"服务网格外包"（service-grid outsourcing），即根据阶段性要求对参与到业务流程中的专业供应商进行最佳授权与组合，以高效优质的完成各项活动。需要注意的是，这些应用和管理技巧必须有效融合进网络运营、数据库管理、安全管理和应用整合等更为传统的IT技巧中。

随着"松散耦合业务流程"中参与的企业数量和类型的增加，企业间的有效协调将成为一个越来越大的挑战。这时，业务流程的设计者和主导者可以通过打造"共享意义"（shared meaning）这一理念，来实现业务流程中不同企业和环节的有效协同。而IT团队在这一过程中能够借助其强大的信息获取、整合与分享能力，有力地支撑"松散耦合业务流程"的整体运行。

以通用汽车公司为例。在与众多小公司进行合作业务流程时，通用公司发现其强大的IT功能对小公司有着无与伦比的吸引力。例如，向经销商提供财务与存货管理的应用信息，可以让他们分享某些服务，从而增强了这些经销商的业务能力，这成为他们参与"松散耦合业务流程"的一个重要原因。

同时，这一新的业务流程模式构建了一个信息发布和知识积累的共享平台。通过分享IT团队强大的信息获取和发布能力，业务流程中的各个参与者能够清晰地看到自身在工作、资源和能力上的差距和不足，从而设计更加合理的信息流程，提升参与者的业务能力和学习机会。

信息化网络服务技术帮助企业在各个流程参与者之间建立了松散的连接，使企业能够以更加灵活有效的合作方式应对市场中的个性化和多元化需求。然而，网络服务技术毕竟只是一种方法，要想真正实现“松散耦合业务流程”的再造，企业还需要精准把握和深刻理解当今时代全球化、自由化、扁平化和共享化的商业趋势与特质，超越单纯的服务提供商的角色限制，创新业务流程管理模式，从而有效满足新商业时代对灵活性和合作性的更高要求。

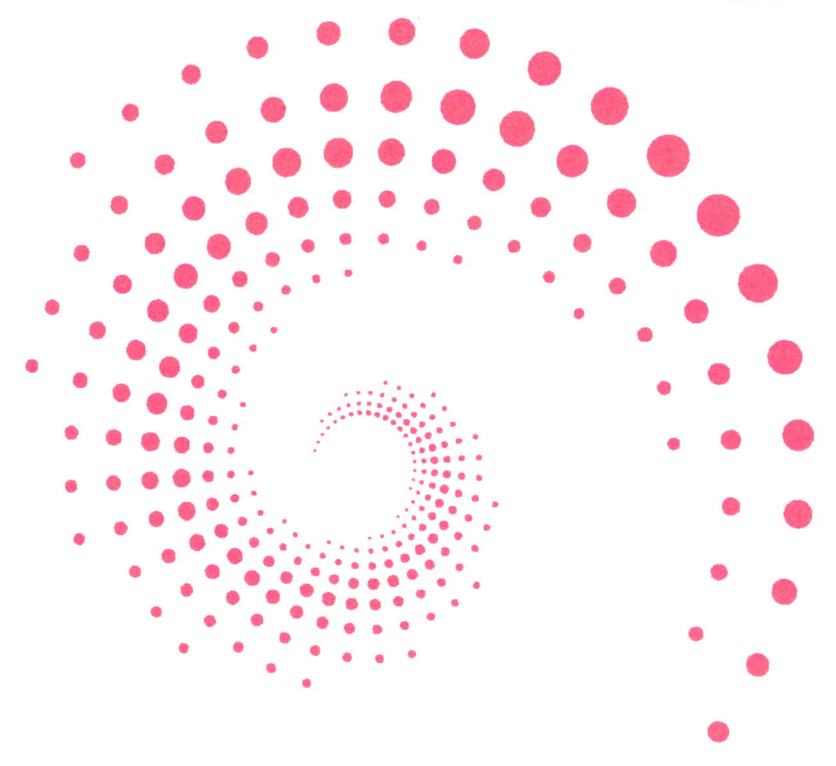

第8章

管理再造：

构建自动运转企业治理体系

8.1 执行力再造：重构企业执行力体系

8.1.1 员工多而执行力差的原因

当与企业的高层领导者交流沟通时，你会发现一个有趣的现象：外企 CEO 多数情况下会讨论战略和策略的问题，然而国内的企业家谈论最多的是执行力的问题。企业家经常会有这样的抱怨：自己的好多想法和政策在实践中难以实现落地，具体主要表现在以下几个方面。

★ 开会时已经将新的营销策略明确阐述清楚，但是一落实到下面就变成了另外的样子；

★ 即便下层的管理者以及员工按照公司指示去开展工作，却达不到预期的效果；

★ 财务部门采用了一套严格的制度和流程对促销费用进行审核，但是在年终核算时却出现了费用增加但销量没有增加的现象；

★ 大区经理签了目标责任书，但是最终还是完成不了任务；

★ 公司员工每天都在忙碌，但是做不出成绩；

★ 一件小事花了 3 个月的时间还没有完成，下级不会主动反馈，需要自己过问；

……

大多数企业家都将公司执行力差归咎于员工的工作能力以及工作态度差，事实上这种观点是不正确的。执行力差只是一种表面现象，而导致这一现象的根本原因是管理出了问题。外企执行力强是因为拥有能够提升员工执行力的机制。也可以这样理解，如果是个别员工执行力差则属于员工个人的能力或态度问题，而如果是公司整体的执行力差则是管理上的问题。

对国内大量的企业进行调查研究，并与外企之间做对比，可以发现导致执行力差的原因共有 5 个，如图 8-1 所示。

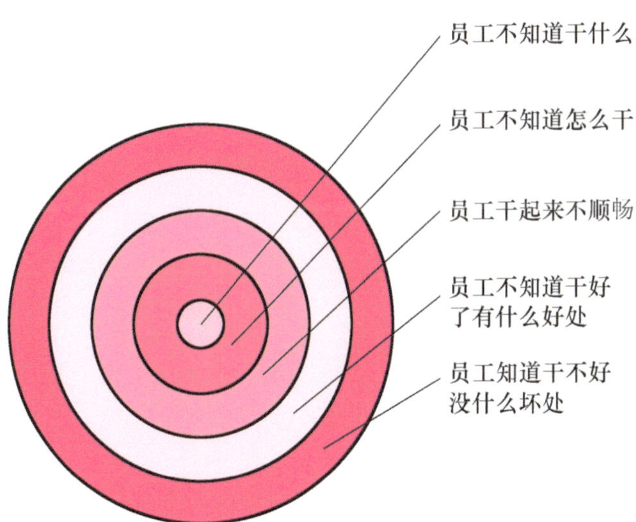

图 8-1　员工执行力差的 5 个原因

◆ 员工不知道干什么

有些公司没有明确的战略规划以及营销策略，甚至都没有制定年度营销大纲，员工接收不到明确的工作指令；有的公司制定的营销策略不符合市场需求，员工只能自行修改和调整；还有的公司朝令夕改，各种政策以及策略的反复更改经常会让员工摸不着头脑，而且由于缺乏有效的信息沟通机制，员工在工作中没有明确的目标，只能遵循惯性以及自己的理解去做事。

这样一来，员工的工作重点就有可能脱离公司的预定轨道，导致公司重要的工作不能及时有效完成。

◆ 员工不知道怎么干

外企新入职的员工首先要进行严格的培训。例如，几年前，医药外企都比较倾向于招聘医药专业的大学生做代表，在正式上岗之前要求他们将产品知识背得滚瓜烂熟，同时还要花费 1 ～ 2 周的时间教给员工相应的销售技巧，此外，员工每年还需要进行一定时长的培训。

相较之下，国内企业在员工培训方面就做得有些差了。有的企业，员工不经培训就直接上岗，有的虽然提供了入职培训，但是培训缺乏针对性和实操性。例如，有的公司只是单纯为员工做励志培训和拓展训练，尽管激发了员工的工作热情，但是员工却依然不知道该怎么干；有的公司为基层员工培训一些行业趋势以及宏观战略，而没有教授他们具体的工作方法。

还有一个比较深层次的原因就是中高层领导业务能力差，自己都搞不清楚怎样干，更别说要领导下面的人了，这令最基层真正执行指令的员工苦不堪言。

◆ 员工干起来不顺畅

商场如战场，如果士兵在前线打仗时后勤供给不足，通信中断，无法得到及时的支援，受伤不能得到及时有效的救治，就会打击士兵的斗志。而在商场中也是这样，如果上报给公司的一笔 2000 元的促销费要经过层层审批，并且还有可能因为某一个管理层而搁置，不仅浪费了大量的时间，而且还有可能挫伤员工的工作积极性。

◆ 员工不知道干好了有什么好处

适当的奖励能够鼓舞士气，提高员工的工作积极性。这也是历史经验。

国内企业也非常重视激励员工，特别是激励销售或业务人员。但是很多企业在制定激励政策的时候常常会犯一个通病，就是制定过于复杂的激励政策，员工很难计算出自己每个月付出多少精力能达到什么结果获得什么奖励，这就使激励政策的效果大打折扣了。

销售人员的工作性质决定了他们更加注重眼前的利益，如果不能让他们看到会有丰厚的回报，他们自然没有热情去努力工作。

◆ 员工知道干不好没什么坏处

如果将军只向士兵承诺好处，而没有下达当逃兵的惩罚规定，那么必然会有一部分人选择当逃兵，从而扰乱军心，影响军队的战斗力。员工知道干不好没有什么坏处，主要原因：**一是公司没有为员工制定有效的评估机制；二是对员工的考核指标不合理；三是没有设立相应的惩罚举措或惩罚较轻。**

很多部门的工作成果不能用一些硬性的指标来考核，如财务部、市场部和后勤部等，这些工作需要由有业务经验的企业高管根据以往积累的经验来进行评估；如果评估缺乏公平和公正，那么就有可能影响员工的工作积极性。

考核指标不合理是很多国内企业都会出现的问题，主要表现在制定了过多的考核指标，如设立团队的创新精神、团队的忠诚度以及团队的精神风貌等为考核指标，这些考核指标带有过多的人为色彩。然而在实际生活中却有一种截然相反的现象，即业务能力强的人往往更追求个性，不听管教；而有的人虽然业绩不好，但是却有好人缘，这就导致业绩不好的人能拿到比较高的综合评分，个人利益没有受到影响，而业绩好的人反而没有得到应有的奖励。

没有处罚或处罚不重也是很多企业普遍存在的现象，很多管理者都不想得罪人，因此对员工尽量宽大处理，但是这样容易使企业内产生不良的风气，组织纪律差，员工不能团结一心共同为企业目标的实现而努力。

8.1.2 如何解决执行力差的问题

应对员工执行力差的五大策略，如图 8-2 所示。

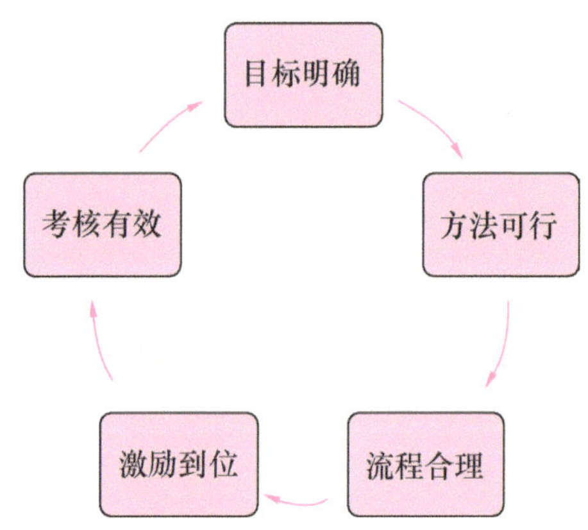

图 8-2 应对员工执行力差的五大策略

◆ 目标明确

对于销售业务来说，目标明确就是要切实落实指标。准确和能落实的指标是企业做预算、制定政策和对员工进行激励考核的重要基础，是管理者在销售管理中最关键的一环。许多公司将年度销售指标分解到大区、省区、办事处和代表，但是这种分解程度还远远不够，要想实现更准确的落实，就必须将销售指标进行层层分解，直到不能再分为止。

工作单制在促使目标明确方面是一个重要的辅助手段，工作单上有明确的工作内容、期望结果、可用资源、完成时限、负责人以及协助人等，签字即可生效。工作单在以下两种情况下可以发挥显著的作用。

★ 跨部门协作，各个部门之间有自己的工作重点以及业务范畴，因此对于工作的理解难以达成一致，在部门协作过程中常常因为本部门自己的工作而延误协作的工作。例如，市场部与生产部跨合作改进包装问题的时候可以用到工作单，包装过程中需要进行的改动细节包括色值、尺寸、字号和字体等，如果单纯通过电话沟通的话，可能会造成一些歧义，而用工作单就可以很清楚地将这些详细的内容一一罗列出来，不仅可以更加准确地执行，而且可以提高工作效率。

★ 中层管理者为执行者下达指令的时候，执行者受业务能力的限制，可能不能完全理解指令，而且有时候中层管理者可能自己都搞不清楚公司的目标和指令，执行者又不敢向管理者仔细询问，结果导致最终的结果达不到预期。而使用工作单就可以更清楚地了解上级的指示，能更加有目标和更明确地工作。

因此，工作单的作用就是让工作要求更加一目了然，而不是落实责任。

◆ 方法可行

工作方法对于员工的重要性是不言而喻的，因此管理者在为执行者下达任务的时候，要假定他们是没有思想的人，向他们传授具体的操作方法。一个可行的操作方法需要决策、支持以及反馈 3 个环节的相互配合。

决策不是领导者根据自己的意愿自行决定的，需要参考市场对决策进行充分论证，从而保证决策的正确性。高级员工可以为下属提供业务指导，企业可以为员工提供专业的内部或外部培训。对于执行层来说，传授给他们具体的工作方法要比传授思想更为重要。对员工进行励志培训并不能真正促进业务增长，方法才是解决问题的王道。

任何一种方法都可能有不足之处，而有效的反馈机制可以帮助其进一步完善。

◆ 流程合理

从形式上看，大多数企业的流程都没有问题，但是在执行中却出现了诸多的不合理。导致不合理的原因有 2 个：外行管内行和责、权、利不对等，如图 8-3 所示。

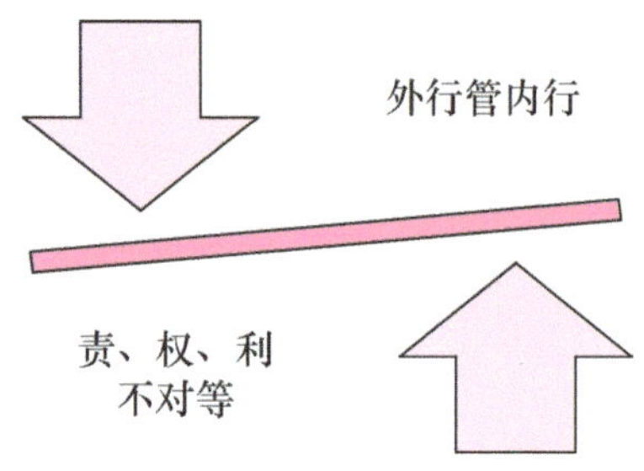

图 8-3　企业流程不合理的两大原因

所谓的外行管内行主要表现在：有的企业的营销经理没有将业务代表的人事权掌握在自己手中，而是完全放给人力资源部，这样一来营销经理就不能保证业务代表的工作能力，同时也不能有效应对不合格的员工，更谈不上保障执行力了。

责、权、利不对等导致公司内部的管理秩序混乱，人人都管，人人又都管不了，将工作相互推诿，最后全部推给老板来处理。

因此，要想制定合理的流程，首先要做的就是转变管理思想，老板要学会适当放权，部门与部门之间要强化相互支持的功能，淡化管理的功能，避免出现外行管内行的情况。

以财务部和销售部为例，财务部的管理功能主要体现在两个方面：一是审核票据的真实性和合理性，二是做下一年度的预算时能控制财务指标。

事实上，很多国内企业都不是这样的，财务部掌握着市场和营销部门的支出，而财务部门又搞不懂具体的营销业务，因此对于市场和营销部门的支出申请往往既不批也不拒，严重影响了销售业务的正常开展。这就是财务部管理功能太强、支持功能太弱的一种表现。按理说，营销的费用应该由营销总监或副总来决定，只要保证不超过上 1 年的预算即可。

在人力资源部以及营销部之间也存在类似的问题。人力资源经理无法判定一个市场总监或营销总监是否合格，也无法保证其认定合格的营销人员就一定能做好业务。然而在很多国内企业的招聘中，人力资源部发挥了过多的作用，导致员工在工作中形成“多干活多犯错，不干活不犯错”的认知，严重影响了工作的正常开展。事实上，人力资源部还是应该将更多的精力放在加强员工保险福利等支持功能上。

◆ 激励到位

激励到位主要是指力度到位、描述到位和兑现到位，如图 8-4 所示。

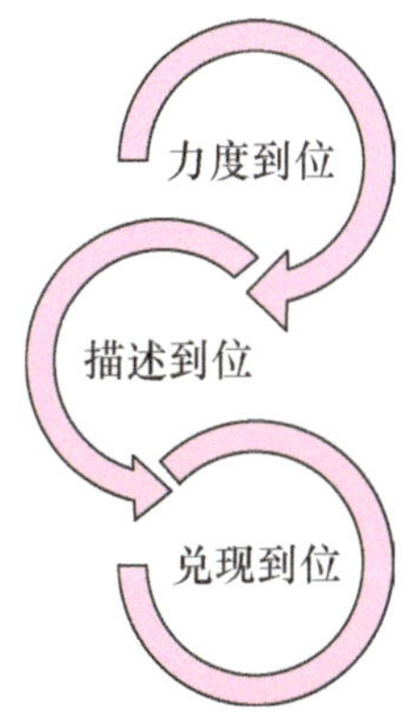

图 8-4 企业激励到位的 3 层体现

（1）力度到位：对员工的激励力度要做到企业在市场上有竞争力、对员工有吸引力和公司对激励有承受力。

（2）描述到位：激励政策要尽量做到简单明了，能够将其形象化再好不过了。所谓的简单明了就是要将激励政策简单和清楚地描述出来，如“100% 完成任务之后，超出部分每盒奖励 1 元”，有客观的利益才能对业务人员有吸引力；“你今年完成任务后就能买一辆帕萨特了”，这种就是一种形象化的描述，这种诱惑可以让业务员更有干劲。

（3）兑现到位：公司对员工的许诺一定要做到，公司原因造成的政策的改变不能影响到业务人员的年度奖金。

◆ 考核有效

考核有效要达成 3 个目标：一是要真正发挥导向作用，二是排除人为干扰因素，三是处罚措施要严格执行。

在很多企业中，考核指标不合理已经成为一种普遍现象，有的公司只考核销售额或业绩忽略回款，结果产生大量的应收款，完不成公司的回款指标；也有的公司考核指标过多，过于分散，主要指标所占的权重减少，导向作用减弱。

排除人为因素干扰的最好的方法就是考核指标全部是定量或半定量，剔除难以评价对错的指标，如团队精神、创新能力、忠诚度等。例如，有的公司将代理商的投诉也作为一项考核指标，事实上这项指标很难评价对错，因为代理商的投诉并不全都是有理的。如果因为这样而影响到考核结果的话，有可能对员工是不公平的，有的员工甚至会为了迎合代理商的意愿而损害公司利益。惩罚措施应该严格执行，否则就会损害公司公平和公正的工作环境，打击员工的工作热情。

靠运气、机遇以及关系等而迅速崛起的国内企业忽视了对公司的经营和管理，导致公司管理水平跟不上企业规模发展的需要。在企业处于高速成长阶段的时候，在高利润的掩盖下，这种问题不容易显现出来，而如果企业一旦进入平稳整合期之后，管理不善带来的问题也就日益凸显出来了，执行力差就是其中一种最典型的表现。

因此，企业执行力差并不是员工的问题，而是领导的问题和管理的问题。要提高企业的执行力，企业的领导必须转变管理思想，推动管理工具的日渐完善，为员工的执行工作提供更多有效的指导。

8.1.3 如何激发员工的工作潜能

每一位员工都希望自己的能力能够得到企业的肯定，工作价值能够得到体现，并获得展示自己才华的机会，而这些都离不开自身能力的充分发挥以及工作潜能的开发。员工的潜能是企业保持持续竞争力的重要动力来源。

每一位员工身上都蕴藏着巨大的能量，而怎样将这些能量开发出来是现在很多企业都面临的一项重大课题。

企业要想实现发展，尤其是加速发展，就不能让员工的潜能继续沉睡下去。在竞争逐渐白热化的今天，资源越来越紧俏，而客户的要求却在不断提升，企业如果不能充分发挥员工的潜能，加速成长步伐，就很可能面临被踢出市场的结局。因此，企业管理者应该更加关注员工的需求，并通过优化工作环境最大限度地满足他们的需求，为他们创造一个更加优质和更能充分展示自己才华的舞台。

通常情况下，企业管理者必须关注员工的以下 8 项需求，才能保证员工有最好的工作表现。如果忽视掉其中任意一项，都有可能阻碍企业前进的脚步。

（1）**工作的意义：**员工需要知道自己工作的意义所在，以及与企业的目标是否保持一致。员工需要了解自己的工作是怎样促进企业整体目标实现的，企业文化有什么意义，公司有何发展价值。

（2）**合作氛围：**员工们希望在一个充满激励的环境下工作，通过与其他成员的协作配合，共同完成工作目标。

（3）**公平：**员工都希望在工作中获得公平和公正的对待，包括工资、福利以及工作量等，同时员工之间应该相互尊重。员工希望管理者能够公平公正地对待自己和客户。长正咨询在对很多企业员工的离职现象进行了调查，发现未受到公平公正的待遇是员工离职的最大原因。

（4）**自主：**员工希望能独立自主地完成工作任务，并在有关自己工作的决策中充分发挥自己的主观能动性。

（5）认可：员工希望自己的工作和成绩能够得到上级的认可。

（6）成长：员工希望能通过学习和成长来推动自己职业生涯的进程，这是员工的一项关键性需求；同时要让员工感受到自己是职业发展中的一部分，并切实感受到自己的进步。

（7）与领导者的关系：员工希望能够与领导者形成良好的伙伴关系，并实现信息分享。领导者基于诚实信任与员工建立伙伴关系，可以创造更加和谐的工作氛围，激发员工的工作热情。

（8）与同事的关系：与同事之间相处融洽，通过相互之间的团结合作和密切配合可以让员工更好地做好工作。

优秀的员工是企业实现长远发展的重要资源，因此企业应该千方百计地吸引和留住优秀的员工。薪资待遇已经不是吸引和留住员工的唯一因素，今天的员工追求得更多，如工作环境、团队气氛、自己的努力能否得到相应的回报、自己的贡献和成绩能否得到上司的肯定、自己能否得到授权完成工作、自己能否有晋升的机会、自己的能力能否得到提升以及自己对于结果能否产生影响等。

因此，原本只关注短期结果和命令控制型的领导力亟须变革和调整，关注长期成效、重视员工的参与以及关注员工满意度的领导力将成为时代的主流。此外，很多企业的日常管理方式也将面临变革，因为在现有的管理模式中，大多数员工没有得到自己需要的东西，而且还开始出现了绩效下降的现象。

因此，这就需要企业的领导者有效激励团队中的每一个成员，为他们创造一个优质的工作环境，增强员工的工作动力，促进他们能力的不断提升。为员工提供一个良好的工作环境，并为他们提供学习的机会，能让他们在工作中积极发挥自己的特长，这是一个优秀的领导者应该具备的能力。与那些只懂得发号施令和绩效评估的领导者相比，员工们更愿意为能够辅导和支持他们，并帮助他们实现目标的领导者工作。

工作结果和工作关系是企业实现长远发展的关键所在，因此，一个善于激发员工潜能的领导者应该同时兼顾这两项因素，这样才能有效激发员工潜能，将员工与企业结成命运共同体，从而实现双赢。

8.2 目标管控力：实现员工与企业目标的统一

8.2.1 增强员工对企业的归属感

将员工利益与企业目标相统一，是企业实现快速发展的重要基础，它在激发员工活力与积极性的同时，也极大地提升了企业的凝聚力。要达到这一效果，仅依靠物质方面的激励是不够的，企业还应该从管理的角度出发，借助企业文化、价值观及归属感等工具，实现员工利益与企业目标的统一。

随着时代的发展，企业员工的物质生活水平与精神生活水平会得到逐步提升，企业员工对于自身在工作环境、情感体验和人际关系等方面需求的认知也提升至了新的高度。由此引发了员工对企业文化及价值观的认同感，这种认同感的不断积累最终形成了员工对企业的归属感。

员工在工作过程中的积极性不能只依赖单纯的物质奖励。从企业长期的发展战略及运营效果来说，仅采用物质激励的方式将导致以下 3 个方面的问题，如图 8-5 所示。

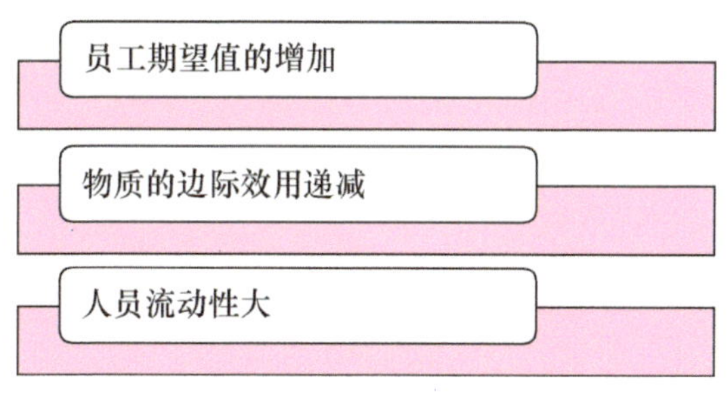

图 8-5 仅采用物质激励导致的 3 个问题

★ 员工期望值的增加。新行为主义学习理论的创始人斯金纳（Burrhus Frederic Skinner）提出的强化理论认为：要想发挥出强化行为的正面效果，需要保持强化的间断性，而且在时间与数量方面也尽量不要固定，必须根据实际条件灵活的不定期实施强化。随着工作年限的增长，员工期望值会不断增加，但员工的薪资待遇与企业不断波动的盈利水平直接相关。企业很难让员工的期望值与自身的需求相统一。

★ 物质的边际效用递减。员工薪资水平的不断提升会使薪资边际效用逐渐降低。不难看出，当员工的薪资在 800 ~ 2000 元时，提升 1000 元的工资对员工产生的激励效果十分明显；而员工薪资在 8000 ~ 9000 元时，提升 1000 元对员工的激励效果要明显小得多。

★ 人员流动性大。企业与员工建立的只是单纯的合同关系，物质激励手段无法让员工对企业产生认同感及归属感。在这种局面下，员工的工作积极性长期被压制，最终员工离职也就成为了一种必然。

出现以上问题的原因包括多个方面，最为关键的原因是企业的管理思想已经无法适应外部环境的不断变化。在员工面对极具诱惑力的其他机会时，归属感将成为企业留住人才的重要手段。

企业需要明确的是，员工不只是将工作作为养家糊口的谋生手段，它更是实现员工人生价值的有效载体。人才的竞争向来都是企业发展的永恒话题，能否成功地激发员工活力与创造力，培养出员工对企业的归属感，将成为企业能否成功的关键因素。

实践过程中，企业可以从以下几个维度上来增强员工对企业的归属感，如图 8-6 所示。

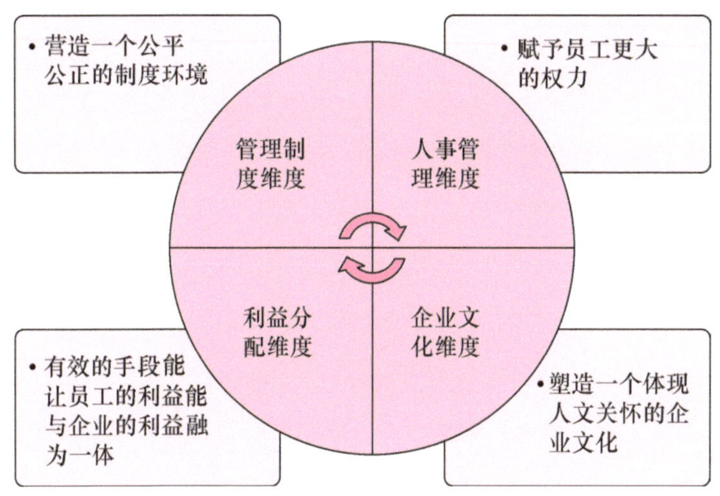

图 8-6　增强员工对企业归属感的 4 个策略

（1）在管理制度维度上，企业必须营造一个公平公正的制度环境

公平公正对于提升员工的忠实度及归属感具有十分重要的意义，企业研究机构进行的调查显示，公平问题是影响员工对企业归属感的最重要因素，其次才是薪酬问题。正所谓“不患寡而患不均”，缺少了公平公正的管理制度，员工们会陷入争名逐利的内斗中，根本不会对企业产生任何的归属感。

（2）在人事管理维度上，企业需要赋予员工更大的权力

一方面，互联网时代企业要面对的竞争更为激烈，时刻都在发生改变的市场环境决定了员工需要有足够的决策权来抓住转瞬即逝的机遇；另一方面，员工在获得权力的同时也意味着他们需要承担更多的责任。这种使命感与责任感会让员工在工作过程中自觉地维护团队和企业的利益，更加积极主动地为企业创造价值。

企业还要为员工提供提升自身能力的机会，如实施岗位轮换和开展培训活动等。长正咨询团队研究发现，能够让员工在工作过程中不断成长的企业，其员工忠诚度指数明显高于其他企业。另外，企业可以通过定期举办线上或线下活动来增强

企业员工的凝聚力，鼓励员工发展自己的兴趣爱好，从而使员工更好地融入企业集体中。

（3）在企业文化维度上，企业要塑造一个体现人文关怀的企业文化

企业的管理者应及时地了解员工需求，当员工在工作或生活中遇到困难时，尽最大努力帮助员工解决问题，使员工充分感受到企业对员工的人文关怀，感受到企业对员工的重视。此外，企业管理者还应该给予员工充分的鼓励及肯定，从而让员工切实感受到自己是这个企业大家庭的一部分、自己的工作能为企业不断创造价值，这无疑会让员工对企业的归属感获得明显提升。

（4）在利益分配维度上，有效的手段能让员工的利益能够与企业的利益融为一体

例如，以股权激励的方式让核心员工持股。企业之间的竞争始终是人才的竞争，无论是国内的阿里、腾讯、360，还是国外的谷歌、Facebook、Twitter，都通过股权激励的方式回馈企业的核心人才。在这种情况下，员工与企业就如同形成了一个“利益共同体”，员工为企业创造价值就等于是为自己创造价值。

8.2.2 如何实现员工与企业目标的统一

◆ 构建一致性目标的现实作用

（1）员工与企业一致性目标的构建能让员工认可企业的战略目标，并为了实现这一目标而不断奋斗，从而为企业留住优秀人才，节约大量的人力成本。此外，员工与企业目标的一致性将为员工及组织带来源源不断的发展动力，使员工及组织不断探索新的思维方式与实践路径。

（2）有利于企业控制管理成本。员工对企业价值观的认可能让员工以主人翁心态参与到企业的价值创造活动中来，推动着企业不断变革与创新。在这种情况下，员工会自我管理和相互监督，在节约大量的管理成本投入的同时，还能有效提升企

业的管理质量。

（3）有效激活员工的潜能。美国心理学家亚伯拉罕 • 马斯洛提出的“需求层次理论”强调：当人们在获得生理、安全、社交和尊重需求之后，将会追求一种更高级别的需求，即自我实现需求。简单地说，人的一生存在着激发自身潜能和实现梦想等方面的真实诉求，员工与企业目标的统一无疑将为员工激活自身潜力产生明显的推动作用。

◆ 企业的实施方案

在企业运营过程中，要让员工与企业目标一致必须做到以下 6 个关键点，如图 8-7 所示。

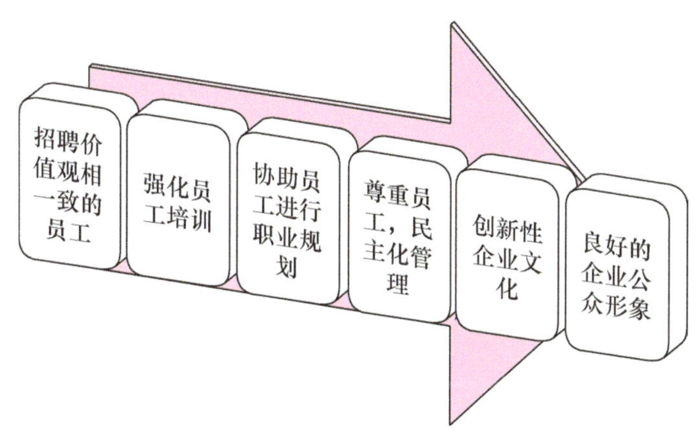

图 8-7　实现员工与企业目标的统一的 6 个关键点

（1）招聘价值观相一致的员工

价值观是否一致决定了企业能否将员工连接为一个整体，进而通过精神契约使员工之间合作互助和协同发展。所以，企业在进行人才招聘时必须尽最大努力寻找与企业价值观相一致的人才，不仅要关注求职者的技能与履历，而且要考核其个人品质及道德修养。

此外，人才招聘是一个双向选择的过程，企业应该向员工表达出自身对员工价值观方面的需求，从而让求职者能更加清晰地了解企业。

（2）强化员工培训

员工培训可以有效增强企业的核心竞争力，加快企业战略目标实现的进程。在培训过程中，可以将员工的个人发展目标与企业发展目标结合起来，从而让员工在积极主动地追求自身目标的同时推动企业目标的实现。

对员工进行培训时，企业必须针对员工的特点及其岗位需求制订出完善的培训计划，同时还应该制订配套的培训评价计划，从而对培训效果进行有效考核，督促员工努力学习，使人力资本实现快速增值。

（3）协助员工进行职业规划

职业规划是企业留住优秀人才的重要手段，企业应该对员工的职业发展方向有一个十分清晰的认识。企业在激励员工创造价值的同时，也应该关注员工的发展，为其职业生涯的进一步提升提供必要的条件。现实中，员工对知识、技能和事业的追求通常会超过其对实现企业战略目标的追求，当员工认为企业只是将其作为创造利润的工具时，很难让员工对企业产生认同感及归属感。

企业不仅要为员工提供一份可以与其创造的价值相匹配的薪资，而且要掌握员工的个人需求及职业发展愿景，尽最大努力地帮助员工实现其人生目标。当员工们可以清晰地看到自己在企业中实现人生梦想的路径时，他们将满怀激情与活力地为企业创造价值。

（4）尊重员工，民主化管理

尊重是人类的一种高层次的需要，在强调自由平等的当代社会，人们都希望自己得到外界的尊重。企业尊重员工能更加容易地获得员工的认可，企业对员工的管理会更加高效，在企业遇到困难时将有更多的员工挺身而出。

在获取员工的认同方面，平等而自由的企业决策往往比提高薪资更为有效。企业需要提升管理透明度，做出更加民主和科学的管理决策，为企业与员工之间搭建更加开放和高效的沟通渠道。此外，企业还应该让员工充分了解企业文化及价值观，定期向员工公布企业项目的进展情况，让员工及时了解自身的工作对企业发展的作用，从而让员工感受到企业对自己的重视。

（5）创新性企业文化

有着“现代管理学之父”之称的彼得·德鲁克表示：创新是给予资源创造财富的新能量，它可以让企业的资源成为真正可以高效利用的资源。创新不只是对新生事物的创造，也是对旧事物的革新。正是创新赋予了以苹果和谷歌为代表的科技巨头强大的核心竞争力。

企业的创新是在组织内部打造出浓厚的创新氛围，并充分调动一切可以借助的资源，来为创新活动提供有力的支撑，在这个过程中组织内部产生了强大的凝聚力。在创新过程中，企业员工也更容易对企业创新文化产生一致认可，从而提升他们参与创新活动的积极性，充分发挥自身的潜能，在满足企业产品及服务创新需求的同时，也让员工们收获了成功的创新带来的成就感。

企业使员工身处浓厚的创新文化中，提升了他们对企业的归属感与认同感，从而激励他们更加主动地投身于企业的日常经营活动中。也正是在这种优良的创新文化中，企业实现了员工与企业目标的有效统一。

（6）良好的企业公众形象

在心理学家们看来，与西方典型的个体主义心理社会明显不同的是，中国是一个极具代表性的集体主义心理社会。在中国社会中，个体认可并从属于一个形象良好的集体会获得强大的自豪感，有力地提升自己的社会地位。

一个具有良好公众形象的企业能对员工产生积极的心理作用，从而让员工对企业产生强烈的认同感。企业为了获得良好的公众形象，在其源源不断地创造价值的同时，也要给投资者及客户带来足够的回报，更要在社会中承担起相应的责任。遵守法律法规、服从行业监管、保护环境和积极参加社会公益活动等，都是一家企业应该承担的责任。

优秀的企业可以聚集大量优秀的人才，员工知识、技能的不断提升，也会使他们的个人目标发生变化，要让企业的目标与员工的目标保持一致，企业需要不断地学习与发展，从而提升自己的目标。此外，企业也应该建立崇高的企业理想，描绘出一幅清晰的未来发展蓝图，吸引优秀的人才，从而指引员工不断前进，激发出员工的创造力与活力。

8.2.3 建立以目标为导向的执行力团队

对企业而言，制定合理的企业目标固然重要，但是这并不能成为企业的优势竞争力，只有将目标真正落实到执行中，并执行到位，才能让企业在竞争中脱颖而出。

好的执行力是战略、计划以及目标实现的重要保证，如果没有好的执行力一切都只是纸上谈兵。过去，国内很多企业的发展都依赖于某个优秀的企业家或少量的精英人物，但崇尚个人英雄式的执行力将企业的命运都交到了某一个人身上，忽视了团队的力量，是不利于企业的长远发展的。因此，企业管理者更应该重视企业团队的建设，实现科学高效的管理，从而逐步推动企业变大变强，而不是将所有的希望寄托在某个个体身上。

团队执行力是团队合作的重要基础，一群拥有不同思维以及经历的人，因为某种共同的目标而团结在一起构成了团队，他们的成长环境以及受教育的模式都存在较大的差异，而执行力是磨合这些差异的催化剂。团队中的成员需要一起承担责任，并保证整个团队的共同运转。如果一个人在计划执行过程中出现差错，那么会影响到整个团队的运作效果。

另外，一家大企业往往有多个部门，而高效的执行力才能保证跨部门之间的合作，推动企业整体的运作和发展。执行力还有助于提高团队成员的个人素养，让他们明确自己的行动方向。管理者只有不断提高团队成员的执行力，才能提高团队的战斗力，为企业的成功保驾护航。

【案例一】

在餐饮市场上叱咤风云的肯德基和麦当劳，单从饮食特色上来看，这两种西式快餐相比很多中国美食并没有占据多大优势。然而就是依靠鸡腿和汉堡，肯德基和麦当劳用了短短数十年的时间在全球各地设立了自己的分店。它们之所以能实现速度如此之快、规模如此之大的发展，要归因到其强大的执行力上。

它们将执行体系具体到工作中的每一个环节，实现了精细化管理。凭借这套完善的执行体系，肯德基和麦当劳在全球市场上所向披靡，获得了巨大的成功。

【案例二】

美国的通用电气公司GE取得成功的关键同样也是强大的执行力。调查数据显示，GE已经连续十几年完成了预期计划。它们在设定一项目标之后，一年之后一定会出现预期的结果。GE是一个覆盖了十几个行业的综合性公司，却能够像小公司一样灵活和高效运作，这种执行力非常令人惊讶。

GE的CEO杰克·韦尔奇对于员工管理有自己独特的心得，他能叫出数千名管理员的名字，并且会经常给中层管理者或普通员工亲手写一些“便条”，公司高级职位的申请人他都一一接见，让员工感受到了被尊重和重视的感觉，从而增强了员工工作的积极性，有效提升了团队的执行力。

【案例三】

IBM是全球最大的IT公司之一，郭士纳是其发展历程中最具影响力的一位CEO，并享有“全球最成功的CEO”的美誉。在他的带领下，IBM成功转型为“IT服务业”，这次成功转型也受到了业界的广泛称道。

郭士纳认为，一个成功的企业管理者应该具备3个要素：一是自己的关注点，二是卓越的执行理念，三是自己独特的领导风格。从20世纪90

年代以来，IBM 始终在市场上保持领先优势，与其高效的执行力具有密切的关系。

从以上几大公司的成功案例中我们可以看出，执行力是保证企业不断向前发展的关键要素。一个注重长远发展的优秀公司，必定会重视执行力的建设，这也是企业在激烈的市场竞争中立足的根基。那么，应该怎样打造一支具有高效执行力的团队呢？这是很多企业在发展过程中面临的一项挑战，答案如图 8-8 所示。

图 8-8 建立以目标为导向的执行力团队

◆ 确保团队成员理解目标

企业设定的目标不仅要明确具体，而且还要确保团队成员能够理解，这是保证执行力的重要基础。有时候员工执行力差，执行目标与结果相差甚远，其实并不是因为员工的能力差，而是他没有真正理解团队的目标，致使其在执行过程中偏离了方向，结果离预期的目标越来越远。

正确地分解目标并且进行合理分配是目标真正落实和推进的重要一步，也是员工正式开展工作前不可或缺的一环。如果员工无法理解企业的目标，就很可能在工作中无所适从，做多大的努力也徒劳无功。因此，员工必须对企业目标心神领会，确保企业目标能够顺利实现。

◆ 加强理论和实践的结合

一切无法落实到实践中的理论都属于夸夸其谈，因此加强理论与实践的结合，提高团队在工作中的操作能力就显得愈发重要。

首先，要将理论中的目标具体化为实际的工作，从而让团队成员对目标的方向以及发展路径有更清晰的认知，为目标的实现奠定良好的基础。

其次，对于具体的工作任务，管理者还应该设定具体的目标，并制定考核表，合理安排工作任务，让每一位成员都能清楚地知道自己要做什么、怎么做以及需要什么时候完成。此外，管理者还需要帮助员工总结过往的工作经验和教训，建立一系列的工作规章，更好地指导员工的工作，提高工作效率。

◆ 有效控制执行过程

对执行过程进行有效控制，包括对工作有良好的驾驭能力、能够及时发现和处理问题、及时纠正偏差，这是建设团队执行力的重要内容。有时候，尽管我们付出了巨大的努力，但是最终仍旧失败，根本原因在于团队缺乏对紧急情况的控制和处理能力。

因此，管理者应该学会未雨绸缪，对整个工作执行过程进行周全的考虑，并尽量预测其中可能发生的意外情况，制订出相应的解决方案。一旦在实际执行中发生意外情况，就可以及时有效地解决，从而节省大量的时间和资源。

仅凭满腔热情并不能保证团队的执行力，要尽最大的努力，做最坏的打算，增强对执行过程的控制力，在实现阶段性目标的同时轻松化解潜在的危机。

◆ 提升团队建设力

团队建设力是一个团队自我建设的能力，是提高团队执行力的基础，这需要管理者在对团队成员进行充分了解的基础上进行合理的分工，让他们能够发挥自己的优势和能力，从而提升团队的整体作战水平。

同时，要加强团队成员之间的团结协作，只有相互信任和密切配合，才能打造一支有力量的团队。团队成员因为生活背景以及受教育程度的不同，对事物的理解以及思维方式存在很大的不同。因此，成员之间要尊重各自的不同，学会换位思考，求同存异，构建一支团结向上、和谐共生的团队。

充分发挥每一位成员的聪明才智，让合适的人做合适的事，同时引导成员之间相互信任和尊重，必将打造出一支具有强大凝聚力和向心力的团队。

◆ 加强团队沟通力

团队中的沟通问题是一个重要课题，沟通看起来很简单，但是在实践中因为沟通机制不顺畅导致任务执行难的例子不胜枚举。

团队的沟通力主要指 3 个层面。

★ 上下级之间的纵向沟通，指令的传达、工作分配以及工作汇报都需要经过这一层面的沟通；

★ 团队成员之间的横向沟通，主要指成员之间的相互信任和配合；

★ 团队与外部环境之间的沟通，市场环境瞬息万变，团队要时刻与外部市场保持密切的沟通，这样才能始终紧跟市场发展的脚步，始终站在时代前端。

加强团队沟通力的最简单实用的办法就是增加沟通的次数，通过频繁的沟通做到相互理解，并最终实现密切配合以及步调一致。

面对一个复杂多变的生存环境，单打独斗的生存方式已经难以让人立足，只有将一个个个体团结起来，才能够共同迎接新环境下的新挑战。而组建优秀团队的第一步就是要执行到位，从而保证团队的整体战斗力，以更强的信心和力量应对未来的各种难关。

8.3 薪酬再造：企业薪酬管理制度的变革与创新

8.3.1 薪酬激励制度的设计与优化

站在劳动者的角度上来说，获取工资是维持个人与家庭生活正常运转的保障，而且所有单位都应该履行为劳动者发放工资的义务。只有处理好薪酬问题，用人单位与劳动者之间的合作关系才能更加长久。如果用人单位的处理方式引起劳动者不满，后者可能会将其告上法庭，这样不仅会破坏企业的公众形象，而且会引发其他员工的猜疑，还可能导致核心员工流失。

企业应该结合自己的发展情况制定合理的薪酬激励制度，并在发展过程中逐步完善。

◆ 应该对工资的构成有一个准确和清晰的把握

首先，用人单位要依据法律规定来制定薪酬制度，明确工资构成，严格按照法律要求为劳动者缴纳社会保险，并支付符合国家标准的加班费用，避免在后续管理中出现问题。

用人单位不得拖欠员工的工资，要根据法律规定明确员工在请假期间、节假日期间和停工期间的工资支付情况，防止没有处理好某个方面而引起工资纠纷。此外，还应注意的一点是，公司在没有充足理由的情况下不能扣罚员工的工资。

◆ 提供具有公平性和富有竞争力的薪酬

只有保证薪酬制度的公平性，才能满足员工需求，使他们全身心投入工作中去。站在劳动者的角度来说，只有当他们认为自己付出的劳动与得到的报酬相符时，才愿意留在公司。若用人单位在这个问题上没有处理好，就会使员工对薪酬制度的公平性产生怀疑，降低他们的工作积极性。

劳动者是否珍惜自己的工作岗位，与企业薪酬制度是否具有市场竞争力有很大关系。通常情况下，企业设定的薪资水平越高，越能够吸引应聘者的目光，企业的优秀人才队伍就越壮大，从而提高企业的竞争地位。

工资水平符合甚至超过员工的期望值能够有效提高员工的忠诚度，降低公司的离职率。若公司设定的薪酬制度没有足够的竞争力，就容易导致员工流失，使新员工在工作一段时间后因不满于公司的薪酬设定而纷纷离职，甚至给公司造成损失。薪酬制度的竞争力与公平性都不是绝对的，公司应该依据具体的发展情况与自身的经济实力来设定薪酬标准。

◆ 合理设计符合员工需要的福利项目

员工福利的设定能够在很大程度上影响员工工作的积极性。根据福利性质的不同，将其分为两类。

（1）法定福利，指企业依据国家法律规定为员工提供的福利项目。例如，缴纳社会养老保险金、失业保险金和特种岗位作业人身意外保险等。

（2）除法定福利之外，公司在自身发展的基础上，为员工提供的其他福利项目。如带薪休假、定期免费体检、免费旅游和交通及住宿补贴等。一般情况下，员工在选择工作岗位时会将公司提供的各项福利折合成经济报酬，并以此来衡量不同公司的薪资状况。

所以，公司的福利制度能够影响员工的工作积极性及忠诚度。另外，福利系统的完善代表公司对员工的重视。良好的福利制度能够切实保障员工的利益，提高员工对公司的信赖感与认可度，有利于公司形象的树立，使企业吸引更多优秀的人才加入，推动公司整体发展。

◆ 薪酬的支付要透明

因为大多数员工都十分在意薪酬制度的公平性问题，很多企业在设定薪酬的公开度问题上面临挑战。长正咨询认为，在制定薪酬制度时，应确保薪酬体系全部公开透明。

有些企业采用完全保密的薪酬制度，不允许员工了解其他人的薪酬状况，然而这种制度设定并不能够阻止员工之间的信息交流。员工会通过多种信息渠道得知其他人的一些薪酬情况，以此来衡量公司薪酬制度的公平性，但信息的模糊性与不完善性可能导致衡量结果具有误导性，使员工对公司制度产生不满。

长正咨询发现，将薪酬制度全部公开后，虽然会导致部分员工对自身与他人薪资对比后产生不满，甚至离开公司，但是从长远来看利大于弊。公开透明的薪资制度有利于打造公正、公开的良性竞争机制，有利于企业建立与员工的信任关系。

◆ 支付薪酬要满足不同层次的需求，巧付薪酬

马斯洛需求层次理论将人类需求分为 5 种，从低到高依次排列分别是生理需求、安全需求、社交需求、受尊重的需求和自我实现的需求。当某种需求满足后，后面的需求才能显示出其激励作用。企业在设定薪酬制度的过程中，要对不同职位、不同阶层员工的需求情况有所掌握，使薪酬制度与员工需求相符。例如，工资水平较低的员工采用经济性的薪酬方式，管理层员工的薪酬方式可以融入非经济性薪酬。

在采用合理薪酬方式的同时，还要设定恰当的奖励时间，在相同的时间内适当增加奖励次数，能够有效提高员工的积极性。薪酬管理旨在保障员工的基本生活，同时还要充分激励和发挥员工的能力，从整体上提高企业的竞争力。就算薪酬水平相当，但采用的具体方式不同，最终取得的效果及员工反馈结果也可能截然不同。

8.3.2 初创企业薪酬设计需要考虑哪些问题

“创业”对很多满怀梦想和激情的年轻人来说是一件充满能量的事情，但是真正将其付诸实践才会发现很多看似微小的事情，如果做不好也很可能导致创业失败。其中，初创企业的薪酬设计问题就是一个经常被创业者忽视的细节。

之所以将员工的薪酬制度看作一个复杂的问题，主要是出于3方面的考虑。

★ 员工有不同的层次，面对不同层次的员工需要采取不同的激励制度。

★ 面对期权制和员工持股等多种薪酬制度，哪一种最适合企业的发展需要？

★ 企业在发展过程中应该怎样调整其薪酬制度？

创业者应该怎样设计公司的薪酬制度，才能在保证公司正常运转的情况下对员工进行合理的激励？

◆ 初创企业薪酬设计需要考虑的因素

初创企业的规模、资金实力状况、发展目标、产品的成熟度以及在市场上的发展情况等都会对薪酬设计产生一定的影响。因此，初创企业应该从自身实际出发找出符合自身发展规律的薪酬制度以及薪酬管理体系，从而保证企业的正常运作，促进企业的健康成长。

初创企业分为两种形式：一种是在母公司合资或者合伙的情况下创建的新公司，这种初创企业需要一定的经济实力做后盾，而且也需要引进一些先进的管理制度；另一种形式就是一种完全从无到有的创造，这也是人们通常理解中的一种创业。这种形式的创业刚开始可能规模会非常小，没有任何的资金实力，产品结构也比较单一，但是依靠创业团队不断进取和不畏艰难的精神，逐渐将初创企业一点一点做大，并最终在商品市场上开辟出自己的一片天地。

在初创企业阶段，员工的薪酬设计以及管理应该主要体现公平，可以不将其发展成为制度，从而更加灵活方便地管理。当小企业需要逐渐成长到具备一定的竞争实力的阶段，企业的决策层应该在综合考虑多方面因素的基础上制定合理的薪酬管理制度，这对于企业的管理以及运作具有重要的意义。

初创企业在设计薪酬时需要考虑以下几个问题，如图 **8-9** 所示。

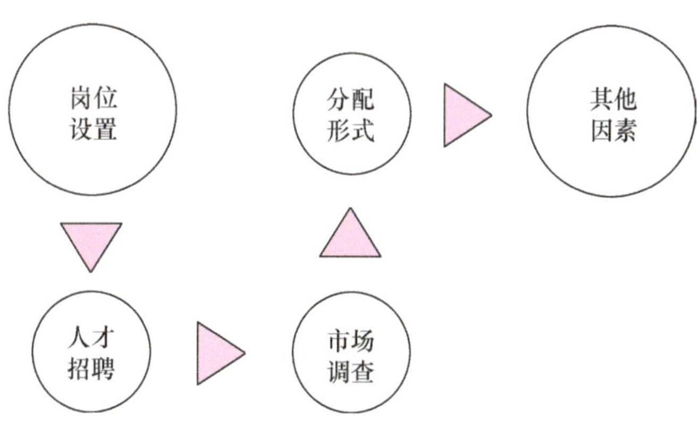

图 8-9　初创企业进行薪酬设计需要考虑的因素

（1）岗位设置

初创企业在设置岗位的时候需要遵循精简实用的原则，将重点放在一些关键性的岗位以及特殊性的岗位上，并根据这些岗位的特点设计薪酬制度，满足企业的发展需要。

（2）人才招聘

人才是企业之本，是推动企业发展的最重要的核心资源之一。在知识经济占据主导的时代，企业之间的竞争归根到底是人才的竞争。谁能拥有大量且优秀的人才，谁就能在竞争中抢占更多的优势。因此许多企业将人才的选拔看作工作的重中之重。

初创企业选拔人才除了考虑其基本的素养以及能力之外，还要注重其潜能。能力太强或者太弱都不利于企业的成长。如果能力太强的话，企业的发展满足不了人才的发展需要，就可能压制其潜能的开发或者直接导致人才的流失；而如果能力太弱的话，就难以满足企业的创新成长需求。因此初创企业招聘人才应该奉行“适者为好”的原则，而在关键性以及特殊性岗位上则要遵循“择优录取”的原则，通过人才引进促进企业的成长和发展。

（3）市场调查

企业的经理人必须详细掌握人才市场价格，从而在企业的资金投入以及运作方面有更精准的把握。在进行人才市场价格调查时，企业可以从自己的同类企业入手，因为他们在规模以及管理模式上都有很多相似的地方，在了解了同类企业或者是市场竞争伙伴的人才价格之后，再根据公司的实际情况确定合理的人才价位。

（4）分配形式

薪酬设计要从企业自身实际出发，不要一味地借鉴和模仿。随着企业的不断成长，其薪酬制度也应该不断完善和升级。在初期发展阶段，初创企业可以以岗位奖励工资为主、员工持股为辅的分配形式将企业与员工的命运联系起来，增强员工的责任感与使命感，让员工把推动企业的发展当作自己的事情，促进企业的加速成长。

（5）其他因素

国家以及企业所在地区的经济发展状况、政府的政策导向、企业的经营情况、人才市场的需求以及供应情况、员工的福利计划等都是初创企业在薪酬设计中需要考虑的因素。

◆ 初创企业薪酬设计的困难

初创企业在员工招聘以及薪酬设计上的难度主要体现在以下两个方面。

（1）企业的规模、经济实力以及商业模型结构对薪酬设计具有决定性的影响，其中尤以商业模型的结构最重要，因此创业者应该对商业模型进行认真分析和总结，从中发现契合其发展的薪酬制度。

（2）企业内部岗位可以分为两种岗位类型：一种是技术高度密集型岗位，另一种是从事经营和服务型工作的部门和岗位，两种工作岗位在薪酬设计上存在很大的不同。

★ 关于技术高度密集型岗位，企业对于招聘的技术型人才具有较高的依赖性，因此要长久地留住人才，企业在薪酬设计上需要从更长远的发展目标出发，制定相对灵活的工薪制度。例如，给员工一定的股份或者为其提供高薪资和高福利等，通过这种有效的奖励以及工薪机制满足技术型人才在工作中的成就感，从而让他们更乐意为公司工作。

★ 而对于一般从事经营以及服务型工作的部门和岗位，应该设置等级工薪制度，根据不同的岗位以及级别发放工资。根据岗位需求以及员工的实际能力和水平，对员工划分等级，制定薪资标准。随着岗位的变化，员工的薪水也应该随之调整，从而让员工可以有更加明确的定位以及发展目标，提高工作的积极性。

初创企业要意识到，工薪制度和激励制度是两种不同的制度，如果将这两种制度混淆的话，就会挫伤员工的工作热情。因此，管理者如果要激励优秀的员工，就不能采用在岗位上直接加薪的方式，而是应该采用一次性奖励或者直接升职加薪的方式，让员工意识到自己的努力得到了肯定和认同，从而获得更多的工作动力。

一个优良的薪酬设计要有以下几个功能。

★ 能增强员工的责任感；

★ 让员工拥有更多的自由，从而让他们尽情发挥自己的聪明才智；

★ 重视员工能力以及技能的开发和发挥；

★ 增强员工的团队意识以及对企业的认同感，能积极主动地为企业做贡献。

从国内的企业现状来看，企业普遍采取岗位技能薪金制，这种薪酬设计既将员工的岗位、责任、劳动强度以及劳动条件等考虑在内，又将不同岗位职务对技能的要求以及员工的技能水平作为考虑的因素。这种薪酬设计有以下几个特点。

★ 能够反映不同岗位上员工的劳动差别；

★ 反映出岗位以及报酬过去与现在的区别；

★ 员工的报酬与公司的发展状况有直接的关系；

★ 为员工的考核提供了依据，同时也与员工的考核结果挂钩；

★ 能够增强企业的基础性管理，为长远发展目标的实现奠定坚实的基础。

在这个时刻以创新求发展的时代，初创企业更应该顺应时代发展需求，注意寻求创新突破，薪酬设计也应该着力追求改革创新，围绕“以人为本”的理念，设计薪酬制度，增强员工的参与感，刺激员工潜能的开发和利用。初创企业还应该加大员工薪资报酬中的激励成分，对员工的工作予以肯定，从而增强员工对企业的忠诚度。具体的实施方法包括以下内容。

★ 提高员工工资构成中奖励的成分和比例；

★ 让员工的基础薪金保持动态变化，让员工明白只要努力工作就可以换取更多的回报；

★ 转变付酬机制，从过去的以工作量为基础到重视技能和绩效在薪资中的构成等。

8.4 绩效变革：互联网时代的绩效管理体系

8.4.1 构建去中心化的绩效文化

快捷、便利、免费、交互参与、大数据应用、粉丝效应、模式创新以及互助分享等都是互联网思维的表现特征。但从本质上来看，互联网思维不同于传统的企业经营理念，它是管理思维上的革新。

★ 百度 CEO 李彦宏在演讲中曾提到互联网思维，指出要将企业的管理与互联网思维相融合。

★ 海尔集团首席执行官张瑞敏认为，互联网的发展对传统企业构成了威胁，而在互联网时代，海尔集团以“管理无边界，企业无领导”为管理理念，使员工认同企业文化，对企业产生归属感，从而促进公司的发展。

★ 阿里巴巴首席战略官曾鸣将互联网思维概括为平等、开放、互动、迭代。

★ 在小米科技创始人雷军眼里，互联网思维就是专注、极致、口碑、快。

★ 黄太吉的创始人郝畅则认为互联网思维就是文艺复兴、小时代、社群、势。

随着移动互联网的发展，人们更加注重自我价值的实现。因此，去中心化的思想在企业管理中也越来越受到重视。如果企业充分尊重员工的个性，取消层级关系，虽然会激发员工的创造力和活力，但是整个公司也可能丧失秩序，最终影响企业以及员工个人的发展。因此，企业在下放权力时需要充分考虑企业员工如何作为个体与外界有效交流。

在权力的下放方面，海底捞可谓是一个典型代表。它给予一线员工极大的权力，在遵守基本规则的前提下，员工可以根据现场状况自主处理客户投诉、免单以及增加服务等。以优质的服务为顾客留下良好的印象，从而留住客户。

在海底捞，每个员工都在个体组织中有极大的自治权，因而更能够发挥自主能动性。在为顾客提供相应的服务之前，员工会根据以往投诉的顾客、周边的顾客、周边的服务员与厨房所能提供的菜肴情况，以及自己的工作经验和价值观做出相应的判断。

很多公司的运营模式都是高层领导者决策、基层员工执行。这是因为领导者位居高层，能够掌握更多的信息，而随着大数据以及移动互联技术的发展，信息的界限被打破，只要有授权，所有人都可以获得同样多的信息。因此，企业可以引进授权机制，让高层领导者放权，充分发挥基层员工的自主能动性。在移动互联技术的帮助下，企业必将挑选出符合企业文化特质的员工，从而为企业带来巨大的经济效益。

随着互联网的发展，人与组织、人与人的关系发生了变化，同时也影响着人与组织的力量对比，个体在组织中的话语权得到提升，能够依靠自己的力量去影响组织的决策。伴随着时代的发展，越来越多的企业开始引进优秀人才，同时加强建设企业文化的力度，以此保证授权机制的顺利运行，从而实现企业的长远发展。

企业进行绩效制度试点，需要让更多的员工参与进来，以此保证企业实施的制度发挥应有的效力。移动互联网的发展为企业宣传提供了更多的渠道，企业可以通过官方微博、电子邮箱、个人微信以及微信公众平台等方式让员工参与到公司的管理中来，对公司产生归属感，成为公司的“粉丝”，共同承担公司的人力资源管理工作，从而合理配置人力资源，并吸引更多的优秀人才。

员工成为了企业产品的粉丝，就能够在工作中严格要求自己，并不断发挥创造力和想象力完善产品的功能，同时还能为人力资源管理部门提供建设性的意见，以促进公司的发展。

《哈佛商业评论》曾对全球最大的番茄加工商晨星（MorningStar）公司做过报道，晨星公司的所有员工“都是自我管理的专业人士，他们主动与同事、用户、供应商和业内同行进行沟通并协调彼此的活动，无需听从他人的指令”。

晨星公司通过制定个人使命宣言、全员监督、员工内部调解委员会和员工薪酬委员会等形式，明确分工，给予员工配置资源的权力，以此激发员工的自主能动性。通过试行绩效制度，晨星公司每年的收益高达 7 亿美元。

8.4.2 互联网时代的绩效评估体系

互联网时代绩效评估体系的 3 个特点如图 8-10 所示。

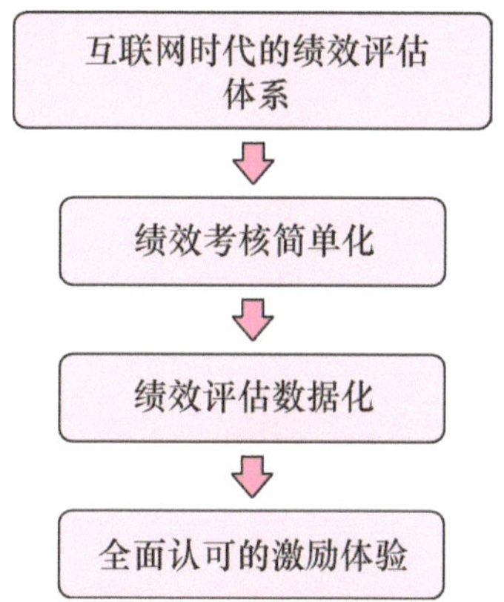

图 8-10　互联网时代绩效评估体系的 3 个特点

◆ 绩效考核简单化

大部分企业在管理中通常会设定众多的绩效考核指标，设立多种检测指标，绘制大量的表格来评估员工的绩效。但考核流程过于复杂，衡量指标众多，使得员工难以把握，因此也就无法在实际工作中贯彻指标的要求，最终影响员工的工作积极性以及企业的长远发展。

人力资源部门能够制定公司的规章制度，监督制度的实施，并根据员工的能力大小分配不同的职位。人力资源部门在企业的发展中发挥着重要作用，它所制定的规章制度也影响着公司气氛和企业文化的塑造。而随着移动互联网的发展，谁能够在最短的时间内吸引更多的消费者，谁就能占领市场。因此，也就要求人力资源部门在制定规章制度时要化繁为简，使之符合时代的要求。

企业在制定一项战略时要根据信息来决策，但如果信息过于繁杂，那么企业只能制定多套方案，然后由实践验证。而简洁有效的信息可以简化企业的工作，帮助企业正确决策，以达到用户的期望值。

◆ 绩效评估数据化

互联网的发展以及大数据的出现扩大了企业获取用户信息的渠道，企业对获取的信息进行分析总结，根据用户的兴趣推送相关的产品和服务。

各大门户网站、购物应用以及社交平台，都可以根据用户的浏览记录设置“猜你喜欢”按钮，为用户推送相关的信息。只要用户访问某一网站，就会留下浏览记录，网站的后台程序就会获取分析，并预测用户的兴趣爱好，从而为用户提供满意的服务。

由于人力资源部门在企业中担负着重要职责，它的决策关系到企业未来的发展。因此，为了精准决策，合理配置资源，人力资源部门存储了大量的数据，如简历数据、考勤数据、奖惩数据、绩效数据、培训数据和员工档案数据等。同时，在移动互联网时代，人力资源部门还要实时获取员工的工作绩效数据、员工的生活数据、员工与客户的互动数据以及员工与其他员工之间的互联数据等。企业应如何有效利用这些数据进行科学决策，实现人与组织、人与人之间的有效沟通，为企业的长久发展积累力量呢?

企业通过大数据以及移动互联技术获取用户的信息，并对这些信息进行分析预测，建立关系模型，以此管理员工与客户、员工与员工之间的关系，从而实时监控员工的工作情况，及时发现绩效出现下滑的员工，并给予业务培训帮助。同时，每个团队的负责人要及时掌握团队成员的工作绩效情况，根据成员的工作状态及时调整，合理分配人力资源。

◆ 全面认可的激励体验

移动互联网的发展加快了所有事物更新换代的速度，包括产品更新换代的速度以及用户消费行为的转变速度。

人力资源管理部门要适应瞬息万变的市场环境需要加大对基层员工的培训力度，为其提供多方面的支持，全面评估员工绩效，对员工的奖励要贴近实际，并及时实施。但是在实际操作中，很多企业的绩效评估机制往往比较滞后，更新缓慢，奖惩机制也没有及时实施，各部门互相推诿，害怕承担责任。

随着社会的发展，企业的员工结构发生了变化，年轻的员工正成为企业发展的主力军。传统的奖惩制度存在诸多缺陷，如奖励形式单一；没有适度放权，让员工参与进来；激励制度实施滞后，影响了员工的积极性，造成人才流失等，使之无法适应企业发展的需要。

而在移动互联网时代，企业必须改革激励制度，实施全面认可激励制度，以便激发员工的工作热情。全面认可激励主要指全方位地评估员工的工作，肯定员工为公司所做的贡献，并及时升职加薪以资奖励，从而激发员工的自主创新力，为公司创造更高的业绩。

全面认可激励在企业的发展中发挥着重要作用，如提高员工的自我约束能力与工作热情，激发员工的创造力和活力，鼓励员工参与人力资源管理，为企业决策提供更多的建设性意见，促进企业的长远发展。企业实施激励制度应注意为员工反馈自己的需求提供便利、快捷的渠道，同时企业也应客观和全面地评价员工的价值和业绩，从而及时、全面地给予员工奖励。而移动互联技术和大数据等的发展也为企业实施激励制度提供了技术支撑。

8.4.3 发挥“长尾效应”，实现人尽其才

长尾效应指的是互联网的发展降低了企业的生产成本，扩大了销售渠道，市场的划分更加细致，企业可以为更多的消费者提供个性化和定制化的服务，以小利润获得竞争优势，从而实现盈利。

人力资源管理部门的主要职责就是合理配置资源，将合适的人才安排到合适的岗位上。每个公司都会制定一套员工绩效考核制度，根据员工的层级分别实施不同的奖惩措施，对于绩效结果较差的员工进行教育惩戒或者开除。例如，GE 公司实施的末位淘汰法则。

2013 年 11 月，微软人力资源总监丽莎·布鲁梅尔（Lisa Brummel）宣布正式废除备受争议的员工等级制度。因为有员工反应，这项绩效考核制度强制每个团队都要选出优秀员工和差劲员工，不仅没有激励员工的工作积极性，反而破坏了员工彼此的协同合作关系。

由此可见，传统的绩效考核机制也存在一定的弊端。原因在于，实施绩效考核的前提是将每个员工看作完全相同的个体，但实际上员工具有个体差异性。因此，绩效考核制度也就失去了实施的基础。此外，员工的绩效结果较低，很大一部分原因是员工没有从事自己所擅长的工作，而这恰恰是人力资源部门错误配置资源造成的。因此，也就不能将绩效结果完全与员工的能力等同起来。

既然绩效考核机制无法评估出员工的真实能力与业绩，那么企业就需要另觅途径。随着移动互联技术、大数据和社交网络的发展，企业不需要发展优秀员工，只要每一个员工能在合适的岗位上工作，他们就能发挥自己的作用，为企业创造价值。因此，企业需要扩大获取信息的渠道，科学决策，实现人才的合理配置。

随着社会的发展，时代的进步，未来企业的人力资源管理系统必将完善，它能够根据系统获取的数据自行分配资源，将每个员工都安排到合适的岗位上，以发挥最大的价值。与此同时，系统还将实时监控员工的工作情况，并随时调整，以此增强企业的市场竞争优势。

企业实施激励制度需要有一定的物质基础，同时也不能忽视精神方面的鼓励。但是传统的绩效评估制度往往忽视员工的精神建设，而一味给予物质奖励。这不仅会使员工麻木，同时还会造成企业与员工之间情感的缺失。

以物质衡量一切的标准已无法适应移动互联网时代的要求。当今时代，用户对企业提出了新的要求，他们不仅需要物美价廉和性价比高的产品，同时更需要产品能够带来优质的体验。因此，企业从设计生产到宣传营销，不仅要做到低价格，还要保证产品的质量，以此吸引消费者购买，以低利润带来大市场，从而形成用户黏性和忠诚度，在市场竞争中获得主动权。联系到企业的管理上，就需要高层领导者充分放权，给予员工一定的自主权，发挥员工的自我管理能力，激发团队协同合作的潜力，从而为企业带来增值价值。

随着移动互联技术的发展，产品的更新换代速度加快，消费者的需求趋向多元化，用户的中心地位得以凸显，个体所能创造的价值越来越大，同时也对企业提出了新的要求。为了适应时代的发展以及市场环境的转变，企业需要重构人力资源管理系统，发挥每个员工的价值，以此获得竞争优势。

8.5 股权激励：有效激发员工的最大潜能

8.5.1 初创企业如何实行股权激励

股权激励的最终目的是将员工个人与企业整体紧密捆绑在一起，使员工和企业成为利益高度一致的共同体，从而充分激发员工为企业创造价值的积极性和主动性，实现企业更好更快的成长。

从这个意义来说，股权激励对初创企业更具价值，有利于帮助初创企业在缺乏人才竞争优势的情况下减少精英成员的流失，保证核心员工队伍的稳定性。

在股权激励的具体模式上，初创企业一般采用共同持股（股票赠予）、股票期权、员工持股、期股和虚拟股票等激励方式。其中，共同持股和股票期权是最常用的两种模式。

◆ 共同持股模式

共同持股又称股票赠予，是指创业团队中的所有成员都作为公司的发起人而持有一定数量的股份，或者由创业公司的发起者和投资者将股份赠予创业团队中的其他成员。这种让团队中每个成员都成为公司股东和主人的激励方式，能够增强员工对初创公司的归属感和责任感，从而保证公司核心成员队伍的稳定性，并激励成员为公司创造更多价值。

共同持股的激励模式主要适用于创业团队发起创建公司的情况。团队成员经过一段时间的磨合彼此十分熟悉和信任，分工明确、协作互补，并愿意共享公司发展的成果。

对采用共同持股激励模式的初创公司来说，制定一个科学合理的股权分配方案是关键，以避免因股权分配不当为公司发展埋下隐患，甚至造成团队分裂。

具体来看，在共同持股模式下，初创公司在股权分配时需要注意以下两个原则。

（1）控股原则

在初创公司的几个股东中，需要有一个处于绝对控股或相对控股地位的股东。例如，一个初创公司有 3 个股东，那么应该保证有一个股东的持股比例不低于 51%（绝对控股）或 34%（相对控股），绝不能搞平均主义，让每个人都持有相同的股份。

控股原则其实是民主集中制的一种表现：创业团队的每个成员都是股东，在公司进行经营决策时可以充分表达自己的想法和意见，这既增强了员工的归属感和责任感，又可以使初创公司借助群策群力实现更好的发展；同时，控股股东的存在又保证了在出现决策分歧时公司能够及时做出决定，避免因争执不下而延误甚至错失发展时机。

（2）舍得原则

初创企业的创始人要具有广阔的胸怀和长远的眼光，而不应局限于初创公司眼前的股份，不愿与创业团队中的其他伙伴分享公司的发展成果，以致为后续发展埋下隐患，甚至造成创业团队的分裂。

当几个人组成团队共同创业时，其实很难真正厘清谁的价值和贡献更大。这时就需要塑造一种舍得和争让的文化，即每个成员都不会斤斤计较一时的得失，愿意为了公司的长远发展“舍”“让”利益，“争”“得”责任。如此，创业团队才能保持稳定，初创公司才会发展壮大。

例如，有一家由 3 人创业团队成立的初创公司，股权的分配却是一个人占据了 90% 的股份，另外两个人各自只有 5% 的股份。这显然是一种很不对等的合作关系，即便是大股东在公司创建过程中出力最多，这种股权分配方式也是十分不合理的，容易使创业伙伴感到不平衡，降低他们对初创公司的归属感和责任感，从而不利于公司的可持续发展。

在这个案例中，更为合理的股权分配方式是大股东只需占有能够保证绝对控股的 51% 的股权即可，团队中的另外两个成员则平均或有些微差别的分配余下股份。表面看起来出力最多的大股东“吃亏”，但保证了初创公司的平稳顺利发展；而当初创公司成长起来之后，大股东持有的 51% 股份所代表的价值肯定会远远超过公司初建时 90% 股份的价值。

这便是共同持股激励模式中股权分配时的舍得原则：初创公司的创立者或大股东要有更高的格局和分享精神，懂得“大舍大得、小舍小得、不舍不得”的道理。

◆ 股票期权模式

股票期权模式是指初创企业给予员工这样一种权力：他们可以在未来一段时间内以固定的价格购买公司股票，而不受资本市场中公司股价上涨的影响。

这种股权激励模式效用的发挥有一个前提条件，即管理者相信随着公司的发展其股票价格也会不断提高，未来的股价会高于当前的购买价格，因此员工可以通过交易公司股票的方式获利。反之，如果管理人员认为未来公司的股票价格会低于购买价格，便不会行使这个权力，而股票期权计划也自然无法发挥出激励和留住员工的作用。

与共同持股激励模式不同，股票期权模式更适合先有公司后有团队的情况，或者用于激励新加入的团队成员。由于管理人员是在公司成立并顺利开展业务以后才招聘进来的，成员之间并不熟悉，因此既需要一段时间的工作磨合，又需要一定的业绩指标来检验新团队或成员是否能够胜任公司工作，这就需要采用股票期权的激励模式。

相对于共同持股和股票期权，其他几种股权激励模式对初创企业来说效果就略差一筹。例如，员工持股模式更偏重于福利性，因为这种模式下每个员工占有的股份比例其实是很低的，还达不到充分激励的效果；虚拟股票模式与员工持股类似，但激励效果还不如后者，且更加适用于对普通员工而非创业团队的激励；期股模式虽然也能像共同持股和股票期权那样具有较好的激励效果，但需要创业团队成员自己出钱购买股份，会影响成员对创始人的认同感。

8.5.2 建立与完善股权激励制度

本质上，企业所采取的激励手段向来都是为了进一步推动员工在未来的业绩增长，即便是因员工为以前企业所做的贡献而对其进行一定的奖励，最终目的也是激励员工未来创造更多的价值，股权激励自然也不例外。

股权激励最大的特点就是它以企业未来发展产生的增量价值来提升员工的活力及创造力，员工未来从股权激励中取得的回报与其自身的努力程度呈正比。当然，股权激励的对象往往都是那些在企业发展过程中扮演核心角色的高管及技术人才等。

◆ 通过战略梳理达到“上下同欲”

战略梳理在股权激励中发挥着十分关键的作用。的确，股权能够将企业与被激励员工有效连接起来，但能否实现员工与企业共赢的预期目标，最为重要的还是股权所具有的价值，而股权的价值则是在综合了企业发展规模和发展前景等多种因素后所得出的结论。如果实施股权激励的企业没有清晰地描绘出未来的发展蓝图，其股权并无太高的价值。

此外，员工是否认可企业的发展战略是衡量其是否应该被激励的重要指标。不难想象，如果员工不认可企业的发展战略，或者在未来的发展战略中员工不能找到自己的定位，股权激励根本无法发挥出实际效果。

可以说，股权激励的关键是让企业与员工之间建立强有力的连接关系，而企业未来的发展战略则是实现这一目标的核心推动力量。

◆ 从战略角度确认激励对象和激励额度

在明确了企业发展战略对股权激励所产生的影响后，股权激励的目标群体及具体激励额度就成为企业首先需要考虑的问题。企业领导者需要从自身未来的发展战略维度上找出那些处于核心地位的员工，并对其实施股权激励。在额度设置上，要让员工获得的收益与其在战略中发挥的作用相匹配。实践过程中可以借助海氏三要素评估法及对偶比较法等方式，来确定被激励对象获得的股权比例。

◆ 建立多层次的股权激励体系

股权激励的方式十分多元化，企业可以根据员工各自的特点选用合适的激励方式，如当员工更倾向于当前的现金回报时，可以采用在职股权激励政策；而当员工更加强调股权溢价时，可以采用注册股权的激励方式。

相对于注册股权激励方式而言，在职股权激励层次较低，当企业缺乏明确的盈利模式及清晰的发展路径时，企业员工可能会更希望获取现金回报。股权与职位密切相关是这种股权激励方式的主要特点，当员工在职时可以获得股份分红，但无投票权及继承权等权力；员工离职时，其拥有的股权也就立即消失。

注册股权激励层次较高，与其相关的法律法规及行业标准也相对比较完善，目前绝大多数的上市公司都采用这种激励方式。但对非上市公司而言，其并没有明确的股权价格，而且在设置股权激励方案时不受诸多行业监管政策的限制。非上市公司可以更为自由，非上市公司设置股权激励方案时可以按照以下几个步骤进行。

（1）明确股权激励起始时间、被激励对象、激励额度及正式进行股权注册的时间。这个时间段的意义在于对各个激励对象进行有效考核，考核年限的时间通常可以设置为 2 ～ 3 年。

（2）根据企业的具体发展战略，对不同的被激励对象设置具体的考核指标，并严格按照最终的考核结果设定激励额度。被激励对象获取员工股权的具体方式也要进行明确，如员工按照内部价格购买等。

（3）正式注册股权后，还要设置一段时间的股权锁定期，在该时间段内，员工股权交易行为将受到严格的限制。企业在员工离职时的股权交易中需要具备足够的话语权，这样可以在留住人才的同时更好地保护企业资产。

（4）根据企业的实际发展情况，企业可以进一步增加更多的股权激励方案，这部分股权来源既可以是企业在融资前预留的期权池，也可以是企业融资过程中的股份增发。

◆ 规范股权激励操作

股权激励牵扯到企业制度、组织结构、股份注册、股东权力及义务等多方面的法律问题，所以企业在实施股权激励的过程中必须严格遵守相关规定。

为了有效防止企业在股权退出机制方面不足造成的离职员工“压榨”在职员工价值的问题，企业必须在股权获取、考核指标及退出方式上进行明确的规定，同时要与员工签订具有法律效力的合同。当然，这些规定必须符合我国实行的《公司法》《企业章程》等的要求，通过正规的程序使这些规定具备法律效力，必要时可以向专业的法律人士寻求帮助。

对于企业员工的发展及新员工的加入带来的股份需求增加问题，企业可以采用建立完善的股权退出机制及增资扩股的方式解决。通常来说，企业中被实施股权激励的员工在出现离职、退休和死亡等问题时，应该将股份退还给企业。在职股权激励的员工并未在相关部门进行注册，而且这部分员工在获取股权时也会规定其离开现有岗位后股权立即作废，因此这种股权激励方式一般不会出现太大的问题。

对于那些已经进行正式注册的股份，企业如果想要获取这部分股权需要花费一定的资金进行回购，一般在股权退出机制中会对这部分股权的处理方式进行明确规定，如现有股东可以购买这部分股权、将其注入期权池为后续的股权激励提供支撑等。

此外，股权增发的方式也是股权激励来源的重要途径。但需要注意的是股权增发需要根据企业自身的发展状况，并能够提供实际的企业市场份额增长和利润增加等相关数据，因为增发股权会导致现有股东的股份被稀释。如果无法为其提供实际的价值，很可能会招致现有股东的集体抵制，这对企业的发展而言是十分不利的。

◆ 逐步完善股权统筹布局

股权结构与企业实际控制权存在着直接的关联，结构混乱的企业可能会被恶意收购，所以企业在处理股权结构问题时需要十分谨慎。一般来说，企业中需要存在一个对企业拥有绝对控制权的大股东，即便是在后续的股权交易过程中，这种地位也通常不会发生改变。

在没有股权变动时，股权结构方面的问题可能不会暴露出来，但在进行融资或者股权激励而导致股权出现变更时，这方面的问题在短时间内可能集中爆发。为了避免这种问题，企业需要在宏观维度上对股权机构进行设计，从而既能让企业的核心员工在股权激励政策下更加努力工作，又能使企业平稳而健康地不断发展。

8.5.3 上市公司如何做好股权激励

股权激励无疑是一家企业吸引并留住核心人才的关键因素，在激烈的市场竞争中，企业间围绕优秀人才进行的博弈不断上演。对上市公司而言，通过股权激励更好地促进核心人才为企业创造价值是很有必要的。对核心人才实施股权激励后，他们能够以一名股东的身份参与到企业的运营管理中来，并与企业成为命运共同体，全身心地投入企业的建设中来。

股权激励存在多种方式，如股票增值、虚拟股票、业绩股票和限制性股票等，它们都有其各自特征，在实施股权激励时需要根据企业的实际情况进行具体分析。一般来说，上市公司实施股权激励主要有以下几个方面的作用。

（1）吸引和留住人才。股权激励政策能够让企业核心人才获取的收益与企业利润结合起来，从而更好地吸引并留住优秀人才。移动互联网时代，企业面对着复杂多变的市场环境及持续突破的新技术，必须要有强大的人才团队源源不断地提供活力及创造力。

（2）提高员工对企业的归属感和忠诚度。企业对核心人才实施股权激励政策后，员工与企业之间的关系发生变化，他们不再只是被雇佣者，而是成为了企业的拥有者。这能有效激发员工对企业的认可，使之产生强烈的归属感。

（3）优化薪酬结构。从本质上来看，股权激励也属于薪酬政策，与实际的工资收入相比，它更能有效激发员工的活力及创造力，并为企业创造更多的价值。

但上市企业需要注意的是，如果股权激励政策实施出现问题，很可能会为企业带来严重的危机。国内新三板挂牌的上市公司由于股权分配、退出机制及实施对象等方面出现问题，使得人才出走、组织内部矛盾爆发甚至企业控制权易主等情况时有发生。

与那些行业巨头相比，中小上市公司对人才的需求更为强烈，亟须通过吸引新的人才来满足企业快速发展的需求，所以它们在实施股权激励时往往没有经过仔细的研究，很多时候选取的实施对象并非是真正在发展战略中扮演核心角色的员工，这就导致了企业往往需要花费较高的成本才能回收这些股份。

想要更好地通过股权激励政策来推动员工为企业的发展做出更大的贡献，企业在具体实践中需要注意以下 3 个方面。

★ 与企业人才共同分享企业股票产生的增量价值，使员工的努力能够在企业股票价值的增长中得到具体体现。对企业而言，人才无疑是最为宝贵的核心资产，企业通过股票溢价所获取的价值让员工获取实际收益，员工的努力程度越高，其在股权激励中获取的收益也就越高，这能有效提升员工积极性，从而为企业注入源源不断的发展动力。

★ 明确股权激励的目标人才。通常情况下，企业领导者，往往会根据员工的年龄、经验、关系和岗位等因素选取股权激励政策的员工。但在这样一个竞争日趋白热化的时代，企业的生存遭遇前所未有的巨大挑战，价值应该成为选取股权激励目标员工的重要因素，那些论资历和排辈分的企业只会让自己患上严重的“大企业病”。把为企业创造价值当作选取股权激励目标时的核心参考因素，才能更好地寻找到那些适合企业发展、在激烈的市场竞争中能够带领企业披荆斩棘的优质人才，才能搭建出更为优质的发展平台，有效避免组织陷入结构臃肿和效率低下的不利局面。

★ 设计合理的退出机制。人不能像计算机程序般长期保持高水平的运转，他们的能力及成绩会随着外界环境的变化而发生较大的变化。当企业位于不同的战略发展阶段时，其能为员工创造的环境必然会存在着一定的差异。所以，员工为企业创造的价值也会发生明显的变化。为了更好地实现企业价值最大化，在设计股权激励政策时需要建立完善的股权退出机制，设置一定的考核指标，这也能进一步激励组织成员之间的竞争，从而加快企业的发展进程。

未来，股权激励凭借其在公平公正、稳定性强和成本较低等方面的优势，将会被越来越多的上市企业认可。但企业在实施股权激励时，需要结合自身的发展情况进行冷静分析，切不可为了追求短时间内企业的高速增长而盲目使用股权激励。一旦企业的股权结构出现问题，很可能会让多年的努力成为他人的嫁衣。

8.5.4 企业实施股权激励的注意事项

很多企业在内忧外患和处于竞争弱势的情况下借助股权激励的方式深度激发出了核心团队和员工的创新创造能力，使公司焕发出更强劲的生命力和发展势头，从而不仅成功突围，甚至打造出新的竞争优势，极大提升了自身的可持续发展能力。

正因如此，股权激励已成为当前各行业中企业应对风云变幻的商业环境和日益激烈的市场竞争时十分青睐的手段。同时，股权激励也确实在深度激发员工潜能、黏住精英人才、增强企业内部凝聚力和降低企业即期成本等诸多方面发挥了巨大作用。

不过，股权激励虽是一剂“良药”，却也并非没有副作用。如果企业不能综合考虑各种因素而盲目采用股权激励的手段，很可能会由于操作不当或时机不对而无法达到预期的目的，甚至产生灾难性的后果。

股权激励本质上是在所有权与经营权分离的现代公司制度背景下，让渡一部分股权给企业管理层、骨干或精英人员，使他们的利益与企业利益紧密联系起来，避免这些核心成员的短期利益行为，实现互利双赢。因此，股权激励其实就是将核心员工的利益与企业风险挂钩，实现持股个人利益与公司利益的高度统一，从而促使员工为了获取更多收益而主动为公司发展贡献更多力量。

股权激励方式可能存在以下“副作用”。

首先，是难以找到平衡点，即企业很难精准把握股权激励的力度。激励力度太小，核心成员利益与企业利益无法形成紧密联结，自然也就不能最大限度地调动员工的积极性、主动性和创造性；激励力度过大，又容易抬升企业的运营成本，不利于企业的长远发展。

其次，长久和频繁地使用股权激励措施容易造成公司原有股权结构的破碎，削弱股东对公司经营者的监管能力，引发投资方与人力资本之间的矛盾。因此，企业需要结合自身发展的具体情况，综合各方面因素慎重决定是否需要实施股权激励手段。

企业若决定采用股权激励的方式，接下来就需要考虑两个问题，即股权激励的对象和时机。具体来看，可以从以下两个维度切入。

◆ 人员上的考虑

在全球化的市场竞争中，人力资源特别是人才资源是企业争夺的重点内容，也是企业打造和保持核心竞争力的关键。虽然人员流失是现代企业运行中的正常现象，但若出现大量的人才流失或有了这种倾向时，企业就需要反思当前的人才管理体系，并考虑是否通过股权激励的方式将核心员工的利益与企业利益捆绑起来，以留住精英成员，深度激发员工活力。

具体来看，当企业运行出现以下几种情况时，就需要考虑使用股权激励的措施扭转现状：企业骨干员工跳槽，且越来越多的精英员工表现出这种迹象；核心成员的工作积极性下降，懈怠敷衍情绪和行为不断滋长；主要员工表达出对当前薪酬水平的不满。

企业决定对核心成员实行股权激励后，接下来的问题便是界定股权激励的对象，即哪些成员才是企业的核心人员。显然，那些能够为企业创造价值、替代性弱甚至不可替代的稀缺员工，便是企业的核心人才。

然而，由于企业阶段性战略目标不同，其核心成员也并非是一成不变的。例如，若企业在某个时间段的运营重点是成本优先，那么负责生产、采购和项目管理的人员可能就是企业的关键成员；而当企业的战略是优化升级产品技术时，那么产品设计师和工艺师就对企业更有价值。

因此，企业要基于自身遇到的具体问题和战略目标来界定哪些是有价值的核心人才，并将他们确定为股权激励的对象，如此才能发挥出股权激励的最大效果。

◆ 企业所处发展阶段上的考虑

除了人员界定，股权激励时机的选择也十分重要。企业成长的生命周期大致可分为初创、发展、成熟和衰退 4 个阶段，而不同成长阶段对股权激励需求的迫切程度也有所差异。

一般来说，企业在发展阶段更加需要股权激励。因为这一阶段企业的首要任务是保持长期快速平稳的发展，制定的战略目标比较远大，对利润及其他核心经营指标也有着更高诉求。这就需要制定一个较为合理完善的扩张机制，为企业的不断拓展提供内在支撑。而股权激励由于实现了核心员工利益与企业利益的高度一致，因此能够让这些关键成员始终为企业的发展贡献最大的力量。

激励方式可以采用认股权、账面价值增值权虚拟股等激励力度较大的模式，以更好地调动成员的积极性、主动性和创造性，保证发展阶段企业各项战略目标的顺利落地。同时，在具体实施股权激励计划时，除了将对公司有价值的稀缺成员作为重点激励对象，还应把精英青年员工纳入进来，以为公司的后续发展提供必要的人才储备。

企业发展阶段的快速成长离不开核心员工的额外付出，因此需要企业对这些成员给予相应的回报，使他们感到为企业的付出是值得的。**股权激励无疑是实现这一目的的最佳路径：一方面股权会随着公司的发展壮大而不断增值，是员工比较青睐的奖励方式；另一方面又可以借此达成核心成员与企业利益的高度一致，提升员工对企业的责任感、归属感和忠诚度。**

www.ingramcontent.com/pod-product-compliance
Ingram Content Group UK Ltd.
Pitfield, Milton Keynes, MK11 3LW, UK
UKHW061027310726
14090UKWH00024B/472